天皇防護

小泉太志命《こいずみたいしめい》
祓い太刀
の世界

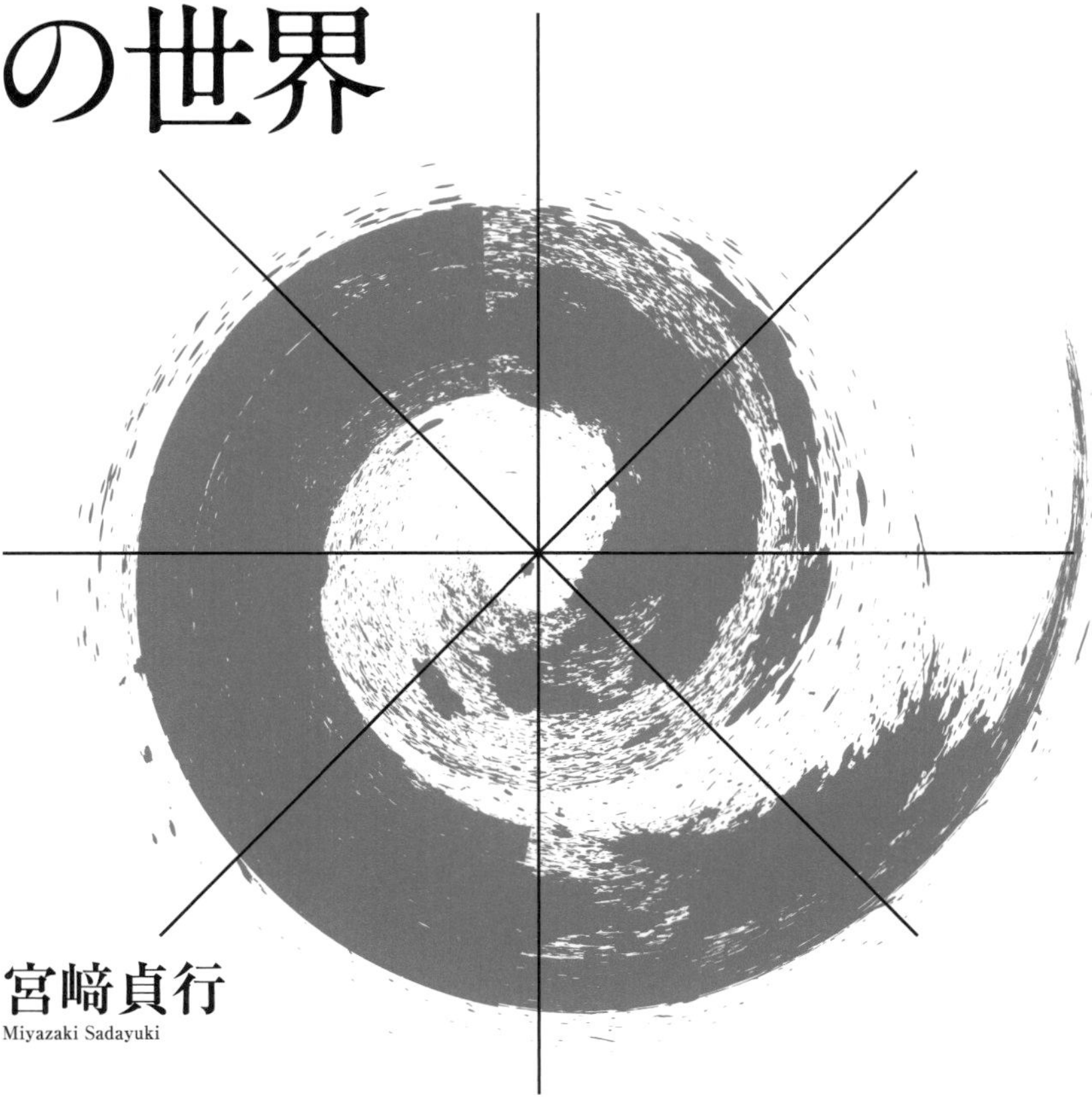

宮崎貞行
Miyazaki Sadayuki

ヒカルランド

小泉太志命

明治四十年八月三十日、青森県八戸市に生まれる。

小泉太志が習った師匠は、鹿島神宮に伝わる鹿島神流の「祓い太刀」を徹底的に教えてくれた。

文武両道にすぐれた小泉青年の令名はますます高くなり、昭和十二年四月、立命館総長中川小十郎から重大な依頼を受けることになる。

中川は家宝としていた備前則宗の名刀「菊一文字」を小泉に差し出し、

「天皇陛下に降りかかる呪詛や怨念を古来の剣祓いの威力で日々祓わねばならない。生涯をかけての大変な仕事になるが、この刀を用いてやっていただけませんか」

小泉は「承知いたしました、不惜身命《ふしゃくしんみょう》にかけて執り行わせていただきます」と即答した。

皇室を守ろうとした小泉太志と満井佐吉は、必死で霊剣を振ったところ、皇居爆撃の任務を帯びていたB29一機が上空で忽然と消えてしまった。おそらく小泉の剣先から出た霊火がB29を包み込み、異次元に運び去ったに違いないと満井は信じていた。小泉もそう確信していたことであろう。

戦後も一日三万三千回、道場で真剣を振っていたが、それは無念夢想の心境に導くための手法であった。

剣を振り続けているとある段階から急に澄み切った真空のような状態になり、その状態で天皇と日本の安泰、そして世界の平和を静かに祈れば、襲いかかろうとする霊障、魔障は忽然と消え去り、二度と姿を現さなくなり、一瞬の間に分解されて別の次元に運ばれるのである。

太志命のいう「参剣《みつるぎ》」は「祓いの剣」「結び固めの剣」「芽出しの剣」の三つよりなっている。

「祓いの剣」は、邪気邪霊を徹底的に祓い清めること。

「結び固めの剣」は対立するものが一つに和合するように結び固めること。

「芽出しの剣」は地上に新しい命が生まれてくるように、神剣の芽を振って伸びさせていくことである。

太志命の剣は単に邪気邪霊を祓うにとどまらず、新しい時代を切り開く異能の子供たちが次々に生まれてくることを願っての神剣でもあった。

一日三万三千回剣を振るたびに、地球と宇宙の調和を図る大使命を持った三万三千人の子供たちが生まれ出てくるのである。

もくじ

第一章 皇室に襲いかかる邪気を真剣で生涯祓い続けた人物がいた！

第二章　霊剣を求めて「未来を着る」「未然を生《き》る」を切り拓く

第三章 戦後の徹底した洗脳工作の渦の中「霊《ひ》の元の道」への模索は続く

第四章　時空を開く（霊剣奉納一途の生活）

第五章　親、先祖から宇宙の祖神《おやがみ》までの連鎖（多重のミオヤ）

第六章　「こことのう」右旋と左旋の響きあい

※本文中の個人名等は、敬称略とさせていただきます。

カバーデザイン　重原 隆
校正　鷗来堂
本文仮名書体　文麗仮名（キャップス）

第一章

皇室に襲いかかる邪気を真剣で生涯祓い続けた人物がいた！

戦後日本の邪気祓い神業のために

「やっとお越しになられましたな」

嗄《しゃが》れた渋い声が聞こえてきた。老人がそばで、ぼそっとつぶやいたような低い声だった。誰だろう。周りを見渡してみたが、この神社に案内してくれた地元の知り合いが一緒に歩いているばかりで、他に人影は見当たらない。それは境内の巨大な楠木《くすのき》の脇を通り抜けようとしたとき聞こえてきたから、楠木の声だったのだろうか。足を止め、こんもり茂った楠木を見上げてみた。

「よくぞ戻ってこられた。永らくお待ちしておりましたぞ」

ふたたび、その渋い声が耳に入ってきた。やはり楠木が話しかけているようである。

「もうどこへも行く必要はない。ここでゆっくりなされよ」

不思議な形の楠木である。

深緑の葉群れが冷たい風にあおられ、晴れわたる青空を泳いでいるが、根元を見るとコブのような巨大な塊が茶色い幹を取り巻いている。地下に収まりきれない根がいくつも地表に盛り上がり、苔むした巨塊となって太い幹を支えているのだ。その胴回りは十メートル以上に及ぼうか。

ご神木の巨大な楠木（伊雑の宮）

脇にある案内板によると、樹齢七百年を超えるという。長年の風雪を耐え抜いて境内を守護してきた強靭なご神木である。虫よけや邪気よけの香りを放つ高貴な薬木でもある。

聖なるご神木とすると、仙人のような嗄《か》れた声が聞こえてきたとしても不思議はない。

「やはり、ここだったのか」

黒の紋付、袴に身を包んだ男は、独り言をつぶやいた。中肉、中背だが、がっしりした筋肉質の体格からあたりを威圧するような雰囲気が漂っていた。眼光は炯々《けいけい》として底光りしていた。

男は、隣を歩いている案内人に向かって言った。

「昨日、伊勢の外宮と内宮の付近を歩き回って探したのですが、『ここではないぞ、まだ奥である』といわれた。伊勢の奥というと、この地になる。やはり、この場所が、求めていた終《つい》の行場のようですな」

「そうでございましたか。この伊雑《いさわ》の宮《みや》は、天照大神をお祀りしています。伊勢の内宮が定まる前の元伊勢であったことから、遥宮《とおのみや》とも呼ばれています。この場所であれば、私どもも十分お世話できると思いますよ。先祖代々、この磯部の地に住んで旅館業をやっていますのでね」

伊雑の宮

案内人は、志摩磯部の中ほどにある川梅旅館の主人、山路沢太《やまじさわた》であった。全国から伊雑《いさわ》の宮を訪れてくる参拝者を主な客としているが、今日は東京からはるばる参詣に来た男を神社に案内したところである。昭和二十七年一月二日のことであった。男は、元旦に伊勢神宮に参詣し、そのあと伊雑の宮に立ち寄ったのである。

東京から列車を乗り継いでやってきた男の名は、小泉太志《たいし》といった。明治四十年八月三十日青森県八戸生まれだから、この時ちょうど油の乗り切った四十四歳であった。小泉は残りの人生を誰にも妨げられず修行に打ち込める場所を探していた。

東京では文京区宮下町の剣道場に起居し、毎日ある特殊な剣術の修行に打ち込んでいたが、東京にいたのでは、小泉を頼って昼となく夜となく雑多な人が訪ねてくるので、じっくり修行できないというのである。

「伊雑の地でよければ、私どもの持っている土地がありますので、それをお使いください。お一人の家なら、建ててさしあげますよ」

と山路沢太は申し出た。

幸い、伊雑の宮の門前に、三百坪の土地を持っていた。

前の持ち主は、真珠養殖で財を築いた御木本幸吉翁であったが、翁の死後六十万円で土地を買い取り、畑にして遊ばせていた。熱心な敬神家であった御木本幸吉翁は、近くの志摩磯部駅から伊雑の宮までの参道を整備しようとして土地を少しずつ購入していたのであったが、志半ばで逝去したので、篤志家の山路が買い取ったのであった。

「それはあり難いなあ。是非にも頼みますぞ」

住む家を用意してくれると聞いた小泉の顔からやっとにこやかな笑みがこぼれ出た。いつもは表情を崩さない昔風の男子であったが、心底喜んだときは、幼児のように無邪気な顔に戻った。東京ではずっと知人の武道場に居候していたが、これで誰にも気兼ねしないですむ自分専用の住処《すみか》ができると喜んだ。

話を聞くと、伊雑の宮の位置している地域は、磯部七郷のうち「上之郷《かみのごう》」と呼ばれているという。まさに天照大神の「神之郷《かみのさと》」ではないか。すぐ近くには、垂仁天皇二十五年に伊雑の宮を建立した倭姫《やまと》ゆかりの遺跡らしいものもあるという。倭姫は、伊勢神宮に移る前に、この伊雑の宮に天照大神の御霊器《みたまげ》を安置したと伝えられている。

（ようし、これでお国のため、陛下のために徹底的に邪気、邪霊を祓い、混乱を極める敗戦後の日本の前途を調《ととの》えることができるな。これから新しい日本を立て直していくのだ。）

決意を固めた小泉の口元は、たちまち固く一文字に結ばれた。

簡素な神明造りの拝殿で感謝の参拝を終えた彼は、足取りも軽やかに伊雑の宮の鳥居を抜けでた。胸にわだかまっていた懸案が一挙に解決され、あとは計画通り突き進むのみであった。鳥居の前方をみると住居が建つはずの三百坪の野菜畑が広がっていた。

巨大な楠木の葉影が、一陣の風にあおられ、さわさわと小波《さざなみ》のような涼しい音をたてて、旅館に戻ろうとする小泉たちを見送っていた。

樟脳《しょうのう》に似たほのかな芳香があたり一面に漂っていた。

縄文人も現れる天の岩戸とオウム岩

小泉の住居が完成し、東京より移り住んだのは、昭和三十二年一月二十九日のことであった。初めて伊雑の宮を訪れてから五年の月日が経っていた。

住居といっても、六畳と二畳の二間の狭い家である。小泉の志に賛同した山路沢太が工面して建てたものだった。

小泉太志は、六畳間に積み上げた書物に埋もれ、独り修行生活に入った。

午前中は、一切の面会を禁止してある神業に没頭し、午後になってようやく二、三人に会うという生活であった。行の最中は立ち入り禁止であったから、山路も小泉がどんな神業を執り行っているのか知らなかった。

四六時中、背筋を伸ばし、同じ場所にずっと正座を続けていたので座布団は湿気を帯び、腐りかけるほどになっていたという。彼が夜も横になっている姿を見たものは誰一人いなかった。

食事や身の回りの世話は、小泉を慕って八戸から来ていた清川トメという老女が面倒を見ていた。トメは、八戸の白龍明神を信仰し、その伝言を運ぶ霊能を持っていたので、「白龍さん」とも呼ばれていた。

当時は旅館業も割りとゆとりがあり、経営は主に山路沢太夫妻が当たるので十分であった。息子の山路啓雄《ひろお》はこのころ二十歳代であったが、家業は父母に任せ、午後は毎日のように小泉先生を訪れ、天下国家の話を聞いたり、バイクの荷台に乗せて伊勢志摩地方の霊場を巡ったりした。先生が東北弁でとつとつと語る話は、この田舎では聞けない珍しいものばかりだったから、喜んでお供をしていた。

バイクで三十分ほど伊勢道路を北上していくと、有名な「天の岩戸」の霊場にたどり着く。「恵利原の水穴」とも呼ばれているが、うっそうとした杉木立の霊気に包まれ、洞窟からこんこんと清冽な水が湧き出ている場所である。この水は万病に効くと伝えられ、いまも車で水汲みに来る人が絶えない。洞窟の中に入った人の話によると、少し広い空洞が奥のほうにあり、そこに滔々と滝水が流れ落ちているらしい。

水穴の前には、天の岩戸を崇敬していた御木本幸吉翁お手植えの楠木が一本高くそびえている。御木本の「御木」は、楠木を指していると幸吉翁は信じていたから記念に植えたのであった。

御木本翁は若いころ真珠養殖の失敗が続き、悩んでいたが、そのとき一念発起してこの狭い水穴に潜り込み、奥の広間の滝水で禊《みそぎ》をして願掛けをしたという。それから見るみるうちに運が開け、巨万の富を蓄えるようになったという。

晩年の幸吉翁は杖を突きながらこの天の岩戸に毎月参拝していたが、信仰心の篤い山路沢太、啓雄親子も翁を助けて一緒に参詣をしていた。

岩戸の下に竹筒で湧水を引いた禊場《みそぎば》が作られており、夏でも身を切るように冷たい滝水が落ちている。小泉太志も、山路たちを連れてときどきここに参詣し、夏冬を問わず禊を行っていた。この滝水は、神路《かみじ》川（現在の磯部川）に流れ込み、やがて的矢湾に注ぎこんでいく。

天の岩戸の前の小泉太志

その近くの山の中腹には、すでに水は涸れているが「風穴」と呼ばれる鍾乳洞の洞窟もいくつかある。太古の縄文人たちが身を隠すには、格好の場所であったはずである。

日本神話によると、スサノヲの暴虐に困り果てた天照大神は天の岩戸に籠って修行されたというが、この風穴に籠られたとしても不思議ではないと思わせるような雰囲気がある。縄文晩期に住んでいたという天照大神は伊雑に都をおき、剣の臣と鏡の臣を配下において大倭日高見の国を治めていたという伝承もあるから、もしかすると天の岩戸はこの辺にあったのかもしれない。


小泉太志と山路啓雄は、天の岩戸から伊雑の宮に戻る途中、「オウム岩」とよばれる場所によく立ち寄って祈りを捧げていた。

和合山という小高い山の頂上に、高さ五十メートル、幅百六十メートルの花崗岩の巨塊がうずくまっている。壁面がほぼ垂直に立ち上がっているので、鏡岩、岩鏡とも呼ばれている。その岩に向かって、拍子木や柏手を打つと、オウムのように反響するところから「オウム岩」と名づけられた。

江戸時代には、高山彦九郎や佐久間象山らが伊勢から伊雑の宮に足を運ぶ途中、オウム岩に立ち寄ったという記録がある。巨岩の頂上には、いま展望台が整備され、伊勢志摩の山並みと海辺の風光を遠望することができる。

オウム岩の前の広場で、縄文人たちが太鼓をたたき、岩笛を吹き鳴らして、岩の神、風の神、水の神に祈りを捧げていた光景を、小泉は霊視したことがあった。縄文の人たちは、山の幸、海の幸をお供えし、四季が穏やかに巡り、適度の雨と風と収穫をもたらしてくれることを神々に祈願していたのである。

オウム岩

おそらく、オウム岩は、縄文時代の祭祀場であったのであろう。夜泣き石、語り石といわれるように、巨大な磐座《いわくら》は、古代の情報を記憶していて、人々に語りかけることがある。巨岩は楠木と同じように、精妙な響きを発しており、聞く耳を持つ人には聞こえてくるのである。

地元の伝承では、このオウム岩の下のあたりに倭姫が機織りの館を構えていたという。鎌倉時代に書かれた『倭姫命世記』によると、倭姫は麻の神服を織る「機殿《はたどの》」を伊雑に設けたとされているが、それはオウム岩の下にある洞窟のあたりだったかもしれない。その洞窟からは、ときどき機織りに似たカシャ、カシャという音が聞こえてくるという。

地元の古老たちは、いまも古くから言い伝えられてきた地唄を覚えている。

「サア〜　岩がもの言うた〜　オウムの岩が〜

サア〜　だれが言わせた〜　倭姫〜」

このオウム山の鏡岩については、小泉が昭和三十年二月十九日、東京から山路啓雄の父、沢太にあてた興味深い葉書が残されている。闊達な筆文字で次のように書かれている。

「暁暮懸命の御努力悃《まこと》に尊く報謝上候。一人にて思ひ余るときはオウム山岩鏡の御前にて静かにお祈りの上、参剣《みつるぎ》の名呼ばれたし。されば吾れ現前し、共に語り御力添えなさん」

山路沢太は朝夕わが身を反省し、向上の努力を怠らない篤志家であったが、山路が何か思い悩んだときは、鏡岩に行って祈り、小泉太志の名を呼ぶとよい、そうすればすぐ顕れて手助けしますよと約束した葉書であった。「参剣《みつるぎ》」というのは、小泉の道名である。

オウムの鏡岩は、単なる岩石ではなく、祈りを取り次ぐ霊的な存在であったのだ。縄文の昔から、人々の祈りにこたえて伝言を運ぶ役割を果たしていたのである。

古代の磐座《いわくら》は、石の塊にすぎないとみるか、聖なるメッセージを伝える霊石とみるか、これをみる人の意識によって、姿を変え、能《はたら》きを変える不思議な存在なのである。

倭姫をはじめとする偉大な神霊は、いまもこの場所で願いをこめる人には必要なメッセージを伝えているのではないだろうか。

真剣を振るための道場を建設（神武参剣道場）

川梅旅館の山路啓雄（山路沢太の息子）は、小泉先生がどうして住み慣れた東京を離れ、この辺鄙な田舎に居を移そうとしたのか、知りたがっていた。先生は青森県八戸の生まれだが、二十歳代で上京し、たちまち頭角を現したと噂では知っていた。

東京では、知る人ぞ知る武道の達人であり、その鋭い霊能力を買われて政財界の要人にも用いられていたと風の便りに知っていたが、それにしても、伊雑の地にかたくなに独りで隠棲する理由がよくわからなかった。

時おり東京や九州の遠方から小泉を訪ねてくる客があったが、会う必要がないと思うと遠慮なく面会を謝絶していた。

小泉には、その日の午後に来訪する客の姿と意図が見えていたから、自分を利用しようとする客は、ことごとく面会を拒絶した。世話をしてくれている白龍さんには、「今日はこれこれの風袋をした人物がくるから、旅に出かけていて不在だと告げよ」と言い聞かせていた。

山路啓雄も驚いたことがある。

ある日の午後、六畳間で山路が小泉先生と二人で話をしていた時のこと、突然、名を知られたある訪問客がふすまを開けて顔をのぞかせた。狭い六畳間だから、小泉が座っているのは見えていたはずである。

ところが、小泉は、「不在と告げよ」といった。その旨を来客に告げると、「そうですか、じゃまた出直します」といって残念そうに帰っていったことがある。どうやら、小泉は、直前に姿を消し、来客の眼に入らないようにしていたらしいのだ。「雲隠れの術」とでもいうのであろうか、と山路は不思議に思ったことがある。

山路は、「せっかく東京からおいでになったのに、なぜ玄関払いされるのですか」と尋ねてみた。

「修行の邪魔になるので、追い返すのだよ。今でもよく人が来て困っているのに、その内もっと大勢がくるようになるから今のうちに玄関払いしておかなくてはならないのだ」

六畳間の片隅には、日本刀が三鞘《さや》かけてあった。

鍋島藩の刀鍛冶「肥前忠吉」が制作した刃渡り二十寸と二十四寸の二鞘と備前則宗の手になる刃渡り二十二寸の「菊一文字」である。小泉は、毎夜、家の裏側の畑でいずれかの真剣を振っていた。いつ寝るのかわからないほど、深夜遅くまで振っていた。聞けばこうして、皇室に襲い掛かってくる邪霊を祓い、日本の前途を調えているのだという。

しかし、このまま放置しておくと、「あの家には気狂いがいる」と町の噂になりかねず、見るに見かねて、山路は、雨の日も自由に真剣を振れるようにと大きい道場の建設を申し出た。毎月小泉の講話を拝聴していた村長、警察署長、歯科医など地元の名士たち七人も賛同した。修行場のほか、剣道場としても使える広さにしておけば、将来そこで大勢が聴講できるようになるだろうと考えたのだ。

神計りというべきか、とんとん拍子に建設は進んだ。

昭和三十四年に伊勢湾台風があり、山路の妻の実家の数百年も経《へ》た山林の杉、檜が軒並み倒れた。その木をもらい受け、オート三輪で来る日も来る日も道場の畑に積み上げた。山の石と川の石を運び、敷地の石積みを行った。小泉先生も、剣道着姿で、木材の切り出しや石垣の積み上げを手伝った。

巨大な道場の棟柱は、杉と檜を組み合わせた二十五尺の通し柱となった。一番気を遣った道場の床板は、小節のきいた檜を探し求め、松阪の材木市場から調達した。床板は、剣道用にある程度弾力性があってしかも堅牢なものでなければならない。

小泉と山路沢太（建設現場で）

こうして、一階に祭壇付きの七間かけ八間の武道場、二階に瞑想と読書のできる小泉専用の広間が出来上がった。

大屋根の煉瓦は十三枚もの瓦で積み上げ、大鬼瓦は、専門の職人に「経《きょう》の巻」という特殊なものを作らせた。玄関には、伊雑の宮から見て「左近の桜、右近の橘」を植えるようにと小泉先生から言われたので、八方手を尽くして探し出した。あくまでも中心は伊雑の宮であって、道場はお宮にお仕えする添え物にすぎないと先生は考えていた。おかげで総工費は予算をはるかに超えてしまったが、幸いなことに一人のけが人も出なかった。

地元の名士たち七人は、当初、道場の建設に賛同していたが、資金を出そうとするものはなく、完成が近づくにつれ恐れをなしたのか、足は遠のいていった。拠金を求められることを警戒したのである。

結局、山路啓雄一人がすべて企画し、必要な資材を調達し、父親の支援を仰いで総工費を支払う結果になったが、悔いはなかった。というのも、小泉先生は、最初からそれを見越してこう語っていたからである。
「啓《ひろ》ちゃん、この道場はやるならあなた一人でやりなさい。ほかの人を当てにするなら、やめときなさい」

戦前は憲兵隊と特高から密偵されていた

二階建て、寄棟造りの豪壮な武道場は、東京に置いていた道場名にちなんで「神武参剣道場」と名づけられた。八戸の旧宅に掲げていた「神武参剣道場」から数えると十番目であった。いずれも、神武天皇に捧げられた御剣――あのフツノミタマ（布都御魂）の剣にあやかって名づけられたものである。

日本書紀によると、この御剣は、神武天皇の行軍が熊野の山中で毒気に当てられて難渋していた時に臣下が捧げたもので、その偉大な霊力のおかげで深山の毒気を退治し、行軍の前途を斬り開くことができたという。

小泉太志は、これと同じく、敗戦後の天皇と日本に襲い掛かっている内外からの毒気――共産思想や個人主義、拝金主義などを打ち祓い、日本古来の霊《ひ》の元の道を調えるとい

神武参剣道場

う孤独な作業を、この神武参剣道場で行おうとしたのである。道場には、フツノミタマの剣の形代《かたしろ》が置かれている。ちなみに、山路啓雄が撮影した道場の地鎮祭のおりの写真がある。

ご覧のように、玉ぐしを捧げた小泉太志の頭部から、白光が長い帯を引いて輝き出ている。強力なオーラが写真に写り出たものであろう。口や鼻から白く細い光が抜け出ている写真は少なくないが、このような形で頭上から噴出している映像はきわめて珍しい。

立派な道場が出来上がると、以前に増して全国各地から小泉に助言を求めようとする人々がやってきた。ところが、有名な政財界人が来訪しても、小泉は会おうとしなかった。気の毒に思った山路啓雄は再三尋ねてみた。

「わざわざ遠方から足を運んでこられているのに、どうしてお会いにならないのですか」

「啓ちゃんも知っての通り、道場は、陛下のため、国柄の護持のために神業を行っている

拝礼する小泉太志

のだよ。ところが、私利私欲の輩《やから》が、門をたたき、神業を邪魔しに来ているのだ。中には、スパイも大勢紛れ込んでいる。そんなスパイらが持ってきたお菓子や酒、金は受け取れぬ。腹をこわすだけである」

彼らが置いていったお菓子を小泉は遠慮会釈なく捨てさせた。黄色く変色したお酒の処分を山路が手伝ったこともある。小泉の死後、開封されていない熨斗《のし》袋が納戸の奥に山積みになっていることも判明した。

金には色が付いていないからといって平然と受け取る人もいるが、小泉先生は、汚れた金品は決して受け取ろうとしなかった。金品に付着している欲念や下心がまざまざと見えていたからだ。

道場の世話人には、よく言っていたことがある。

「浄財であっても、どんな人でもお金を出すときには、多少は惜しいと思うものである。奉納されたお金には、その気持ちがしばらく籠っているから、それが抜けきるまで開けてはならないよ」

すぐに開けると、抜け出た「惜しみ」の邪気に感染してしまうというのである。

普段から山路啓雄は、小泉太志を「先生」あるいは「大先生」と呼んでいたが、調べてみると大先生がスパイの潜入を警戒した理由がわかってきた。戦前、大先生は、憲兵や特高警察につけ狙われたことがあったからである。

それは昭和十一年（一九三六）の二・二六事件にさかのぼる。

当時の日本は、世界大恐慌と東北の冷害に端を発した大不況に突入していたが、二月二十六日早朝、政党政治の腐敗と農民の窮乏化に怒った陸軍皇道派の反乱部隊が首相、蔵相など政府首脳を殺害、陸軍省、警視庁などを占拠した。

反乱は三日後に鎮圧されたが、小泉は皇道派を支援したという容疑で、約一か月間勾留されたのである。が、不思議なことに、取り調べに当たった刑事が三人つぎつぎと死亡した。

「どういう術を使っておられるのですか。何か恨みでもあるのですか」

警察としては勾留してはみたものの、小泉の取り扱いに困り果てていた。

「いいえ、何もしておりません」と小泉は答えるほかなかった。この勾留の間、姿勢一つ崩さずきちんと正座しているのを見て、最後は看守も頭を下げてその前を通って行ったそうである。

幸い、伊勢の神宮奉斎会会長の今泉定助の働きかけもあって、疑いは晴れ釈放されたが、その後も憲兵隊と特高警察の監視は止まなかった。彼らはときどき密偵を放って小泉の動静を見張っていたのである。

そういう戦前の苦い経験が身に染みていたので、戦後も様子をうかがおうと紛れ込んでくる公安警察に用心していたのであった。また、新興宗教の教祖たちも、小泉の霊能を宣伝に利用しようとして会談する機会をひそかに狙っていたから、彼らに対する警戒も必要であった。

川面凡児《かわつらぼんじ》の禊《みそぎ》と今泉定助《いまいずみさだすけ》の国体

小泉の釈放を働きかけた今泉定助は、國學院で古事記や日本書紀を講じたことがあり、国学の第一人者として名を知られていた。

大正十年から神宮奉斎会の会長として皇道精神の発揚に努め、神社界、思想界の重鎮として君臨していた。神宮奉斎会は、伊勢講から発展した伊勢神宮の崇敬者団体である。

彼は講演が巧みで、その国体講義には、政財界の要人が多数詰めかけるほどの人気であった。


ただし、今泉の説く「国体」とは、天皇に主権があるとする「政体」の意味ではなく、存在するすべては顕幽両界を通じて共鳴しあい一体であることを感得する日本特有の国柄を意味していた。万世一系の天津日嗣《ひつぎ》の皇統を中心の柱として、祖霊や神々や自然、万物がつながり生成発展していることを体感する文化が、今泉の「国体」であった。

今泉は、美濃部達吉東大教授の天皇機関説を排撃したが、それは天皇と国家を分離対立させる西洋の思想であって、日本古来の君民不二一体の思想と相いれないと考えたからであった。


著名な神道思想家であった今泉は、六十歳を過ぎてから、古神道家の川面凡児翁の指導

今泉定助

する禊《みそぎ》を体験し、これにいたく感銘を受け、伊勢神宮の参拝時に、禊の行法を取り入れた。江戸時代には、伊勢神宮や熱田神宮にお参りする人は必ず川や海で禊をしてから参拝したものであるが、これを川面の流儀で復活させようとしたのである。

いま五十鈴川で行われている禊は、川に潜水する前に岸辺で鳥船、おころびの作法を行い、潜水中は魂ふりをしつつ「大祓戸大神《おおはらえど》」の名を朗誦するなど、基本的に川面流の禊の作法を踏襲している。

宇佐（大分県）の御許山《おもと》で修行した川面凡児は、「体から神に入れ」と説き、その手法として禊の身体作法を体系化した非凡な行者であった。

彼の禊は単に水を浴びるだけでなく、脊髄を強化する鳥船運動、太陽の気を呑みこむミイヅ息吹法、邪気を払うオコロビ法、下丹田に火をともす魂ふり法などからなる一連の有機的な身体作法であった。魂ふりというのは、ある螺旋運動によって生命エネルギーを増殖すること、殖《ふ》ることである。フルタマともいう。

川面は、論理中心の頭や不安定な心から神に入ってはならない、知性や感性では「神人不二」という真理の一面しかつかめないといって厳しく戒めていた。「体感」、「体験」、「体察」、「体認」、「体得」、「体現」をしきりに強調していた。

それまで記紀の解釈中心であった知性派の国学者、今泉定助は「体から入る」という手法に衝撃を受けたのである。

川面凡児は、長年の修行によって開発した霊能により関東大震災を予告し、「対米戦争はどんなに侮辱されても避けよ」と警告を与えていたが、同時に全十巻におよぶ膨大な神学論集を遺すほどの理論家でもあった。

それは、本居宣長や平田篤胤のような古典解釈ではなく、神界参入の体験から導き出された古神道の宇宙観、人間観を明治期の近代論理を駆使して書かれた重厚なものである。

今泉は、神道の世界観や生命観、国体観などについて多数の著書を書き残しているが、それは川面凡児の実践的神道を今泉の国学体系に基づきわかりやすく祖述したものであった。

今泉は、明治の文体で書かれた川面の堅い神道神学を平易な正統派の用語に書き直して普及させようとしたのである。主著に『皇道論叢』、『国体原理』、『大祓講義』、『大嘗祭の精神』などがある。

今泉会長は、その実践的、道義的な神道路線を「皇道」と名付け、先行きの見えない不安な世相に直面した政財界の指導者や軍幹部らに「真正なる国体的道義」に立つ皇道精神を教え、国家運営に当たらせようとした。昭和十三年には日本大学に「皇道学院」を設立し、青年の思想教育にも情熱をこめてあたった。

今日、今泉は、戦前の国家主義路線を推進した右翼というレッテルを左翼史家から貼られているが、その批判は当たっていない。

むしろ逆に、神道の習俗化、形骸化を進めた内務省主導の国家神道路線を遠慮なく批判していたし、軍人総督による武断的な朝鮮統治や神社拝礼の押し付けについても厳しく論難していた。このため、戦時中に彼の著書が発禁処分を受けたことがある。

また、政党政治の腐敗を憂慮し、政治家の再教育をおこなって道義日本を回復しようとする林路一らの「大日本運動」に協力し、その理論的指導者として活躍したこともある。

晩年は、天照大神を最高神に位置付けようとする東条内閣の神道政策を非難して、これを撤回させることに貢献した。最高の神は、天照大神ではなく古事記が記述するように天御中主大神でなければならないと主張したのであるが、これも川面凡児の所説を踏襲したものであった。

確かに古事記をみると、原初の宇宙を産み出した神々を次のように説明している。「天地《あめつち》初めのとき、高天原に成りませる神の名は天御中主神《あまのみなかぬし》、次に高御産巣日神《たかみむすひ》、次に神《かむ》御産巣《みむすひ》神。この三柱の神は独り神になりまして、身を隠したまひき」

三柱の神々は、宇宙を創造したとされるユダヤ・キリスト教のような超越的な神ではない。それは、原初の中心に内在する力が均衡の破れによって発露し、昇る力と沈む力に分離し、再び統合されて宇宙を生成してきた過程を物語る神々である。螺旋に上昇し、下降し、再び帰一するエネルギー体を神名に仮託して表現したものであった。

小泉太志も、この造化三神について深く思いを巡らし、やがて剣祓いの道にも宇宙の造化の原理を応用していくこととなる。そして、臨終の床においてもこの造化三神の御名を呼び、そのはたらきを賛美しながら、自らその渦の中に帰一しつつ神去っていったのである。

今泉はなぜ青年小泉を客分として呼び寄せたのか（太志命《たいしめい》の誕生）

実は、小泉太志が生まれ故郷の八戸から上京したのは二十歳の時、今泉定助翁のたっての懇請によるものだった。

八戸にすごい鹿島神流の青年剣士がいるという噂を聞きつけ太志に面会した今泉翁は、彼の並々ならぬ器量に驚き、客分というかたちで昭和二年に東京に招いた。知性派の今泉は、小泉青年のなかに尋常でない霊能を見出し、これを伸ばす手伝いをしようとしたのである。今泉は、宮城県白石市の出身で、同じ東北仲間の同志としても特別な親近感を覚えていたのであった。

このころ、道義的な国体原理を講義する国学者として名声の高かった今泉定助の門弟には、錚々《そうそう》たる人物がいた。小磯《こいそ》国昭（陸軍大将のちに首相）、八角《やすみ》三郎（海軍中将）、山岡萬之助《まんのすけ》（日大総長）、笹川良一（国粋大衆党総裁）、児玉誉士夫《よしお》（独立青年社主）らである。腐敗した政党政治家の再教育を図る「大日本運動」を起こした林路一《ろいち》（衆議院議員）、簡牛凡夫《かんぎゅうつねお》（衆議院議員）も門弟の一人であった。だから、昭和十一年の二・二六事件に連座して勾留された小泉の釈放を、門弟を通じて働きかけることは容易にできたのである。

二十歳代の小泉太志は、今泉が寄付集めなどで要人と面会するとき、秘書として同行していたから、当然これらの人物とも交流し、前途を嘱望される若手として名を知られていた。

国士舘の内紛に際し左翼勢力に不法監禁されていた柴田徳次郎館長をステッキ一本もって救出したのも、このころのことである。小泉のはいた下駄の音が近づいてくるのを聞いて、相手方は震え上がったという。柴田館長から送られた感謝状（昭和九年一月吉日付）が今も道場に保管されている。

小泉青年のすぐれた霊能と剣道の実力を見抜いていた今泉定助は、小泉を「太志の命《みこと》」、略して「命《みこと》」と呼んでかわいがっていた。古代のある偉大な霊覚をもつ命《みこと》がこの世に顕れてきたと思ったのである。今泉は、小泉青年を弟子扱いせず、自分よりもはるかに力のある客分として遇していた。

ただ、命《みこと》は死者に与えられる尊称であるので、小泉は普段は通称の「太志」を用いており、昭和四十八年、六十六歳になってから、「太志命《たいしめい》」と戸籍を変えている（本書では、生涯の前半は「太志」、結婚後の後半は「太志命」と呼ぶことにします）。

今泉定助会長の縁で、貴族院議員の中川小十郎《こじゅうろう》ともつながることができた。中川は、丹波国南桑田郡（現亀岡市馬路町）の出身。教育熱心な公爵西園寺公望の志を受け継ぎ、立命館大学（旧京都法政学校）を創設したことで知られている。

中川は、東京帝大を卒業して文部省に入ったが、そこで西園寺文部大臣に見いだされ、大臣秘書として仕えた。その後、台湾銀行頭取や京都市長などの要職を務めた。西園寺公の信頼が篤く、公爵から推薦されて大正十四年から貴族院の勅選議員についていたが、同時に西園寺公の私設秘書も兼ねていた。二・二六事件勃発の至急報を興津で静養中の西園寺の耳に入れたのも、この中川であった。

二・二六事件の翌年、昭和十二年に、小泉青年は三十歳にして京都の立命館で剣道と皇

中川小十郎

道精神について教鞭をとったことがあるが、これは総長中川小十郎の依頼によるものであった。

中川は、依頼するにあたり、さる京都の有名旅館へ同僚数名と共に小泉を招いている。そこで懐石料理がふるまわれ、食事のあと芸妓をあてがわれてそれぞれ部屋に引き揚げた。ところが小泉は、芸妓に「気を遣わずどうぞ先にお休みください。私は読みたい本がありますから」といって朝までずっと正座をして本を読みつづけたという。小泉は、社会の約束事に逆らわず、しかも相手を辱《はずかし》めないで、自分の生き方を貫いたのである。

小泉は「立命館予科並びに専門学部講師」という委嘱状をもらい三年間立命館で教えることになるが、その間も教え子たちを連れてよく飲みに行った。帰りは必ず車で家まで送らせたので、親たちからとても感謝されたそうである。

三年後の昭和十五年、辞職願を提出した小泉は、「何が不足なのですか」と問われ、「私には十分すぎるから辞めるのです」と答えている。

武道の達人であった小泉は、興味深いことに、武の道よりも文の道を重視していた。「これ神武より、それ文は正を顕し、武は邪を破るに用ふなり、故に文を先にし、武をあとにすべし」というのが彼の信念であった。

破邪の剣によって立とうとした小泉が、「文を先にし、武をあとにすべし」と述べているのは注目しておいてよい。

彼は古事記、日本書紀、先代旧事本紀などの日本古典を渉猟し、聖徳太子の三経義疏《さんぎょうぎしょ》、道元禅師の正法眼蔵《しょうぼうげんぞう》などの仏典も幅広く研究するなど、日々の研鑽を怠らなかったが、それ以上に集中していたのは黙座による瞑想であった。

古文を読むことを通じて古人の求めたものを追求しようとしたが、最終的な確信は、独座による悟りによって体得するほかなかった。

太志命の正座していた座布団は、湿気を帯び腐りかけていたほど魂鎮めに集中していたのである。それは立命館時代も変わらなかった。

皇室に降りかかる災厄を古来の剣祓いではねのけてくれ。これは西園寺公望からの依頼だった

文武両道にすぐれた小泉青年の令名はますます高くなり、昭和十二年四月、立命館総長中川小十郎からある重大な依頼を受けることになる。それは、西園寺公の願いを中川が取り次いだものであった。

西園寺公望は、明治の元勲、伊藤博文の腹心で、伊藤のあとを継いで立憲政友会総裁となり明治三十九年に内閣総理大臣に就任。大正十三年に松方正義が亡くなった後、「最後の元老」となり、大正天皇と昭和天皇を輔弼《ほひつ》していた。西園寺公は、首相や閣僚の任命に強い影響力を及ぼしていたが、それに従おうとしない陸軍の暴走には不安を覚えていた。

陸軍は明治憲法の統帥権独立の規定をかさに着て、陸軍の意向に沿わない内閣をたびたび倒閣に追い込み、昭和六年（一九三一）には満州事変を引き起こすなどますます内閣の意向を無

西園寺公望

視する独善的な路線を歩んでいた。

陸軍内部の派閥対立も不安の種で、いつなんどき不満を抱いた青年将校たちが決起し、陛下の賛同を求めてクーデターを起こすかも知れなかった。天皇親政のもとで国家改造を起こそうとする皇道派とそれに反対する実務路線の統制派の対立は深刻であった。

昭和四年に始まった世界大恐慌と東北地方の冷害のあおりを受け、日本経済は大不況に突入、昭和六年には青年将校によるクーデター未遂事件が相次ぎ、昭和七年には五・一五反乱事件、翌八年に神兵隊事件、昭和十年に軍務局長惨殺事件が発生し、世情は混迷を深めていた。

昭和十一年の二・二六事件の時も、元老西園寺は、天皇機関説に好意的であるとみなされ、襲撃の対象となっていたが、運よく難を避けることができた。

西園寺は青年時代、フランスのソルボンヌ大学に留学したことがあり、九年間フランスに滞在して欧州政界の要人とも親しく付き合い、自由主義的な考えを持っていたが、根はやはり皇室を支える精華《せいか》公家の出身であった。陛下が判断を誤らないよう、たびたび参内して助言を与えていた。

なかでも、天皇は内閣が決定した事柄については、不満であっても裁可するように進言していた。天皇が直接政治に介入すれば、かえって反対勢力から批判を浴び、皇室の安泰を損ねると危惧していたのである。陛下もそれが立憲君主制下の君主のあり方と心得ておられた。

「天皇は神聖にして侵すべからず」という有名な帝国憲法第三条の条文があるが、それは、天皇が法律上、政治上の責任を問われないという意味であり、天皇が自由に意見を押し通せるという意味ではなかった。西園寺は、憲法解釈についても思いを巡らし天皇に進言していたのである。

西園寺公は、天皇陛下をお護りするには、そういう政治的な配慮のほかに、最終的には霊的庇護に頼らざるを得ないと思い、誰か適任者はいないかと探していた。

深刻な経済不況にあえいでいた昭和初頭は、摂政時代の陛下を暗殺しようとした難波《なんば》大助のような急進主義者がいつ襲撃を仕掛けてくるかわからない不穏な情勢であった。組閣についての陛下の意向を恨みに思う過激な青年将校も絶えなかったし、陛下を呪詛しようとする道教寺院や欧米の黒魔術など海外の宗教勢力があるとも聞いていた。

二・二六の反乱事件に衝撃を受けた西園寺公は国の前途を深く憂慮した。このまま放置しておくなら、いつか必ず陛下の身に異変がおこるのではないかと心配していた。

西園寺公は銘刀「正宗」の収集家でもあり、日本刀のもつ威力と霊力については熟知していた。たたらの猛火で溶かし、冷たい水で引き締めた日本刀は、火と水の精が凝縮した強力な護身体とみていた。西園寺公は判断に迷ったとき、「正宗」の鈍く波打つ刃紋《はもん》をろうそくの火に照らしてじっと見つめ、心身を研ぎ澄ましていたという。

陛下に降りかかる呪詛や怨念を剣の力で日々祓わねばならないと考えていた西園寺公は、私設秘書の中川小十郎に相談した。神社神道の形式的なお祓いや真言密教の加持祈禱では、とても内外から押し寄せてくる邪霊、悪霊を祓うことはできないと考えたのである。

小泉太志が立命館に赴任した昭和十二年四月二日、中川小十郎総長は、小泉を呼び出してこのように告げた。

「実は、今年の一月十一日に興津で療養中の西園寺公をお見舞いに行ってきたのですが、公爵は、二・二六事件のあとの政局を非常に心配しておられます。このままでは近い将来、陛下の身に不穏な事態が起こるやもしれぬ。皇室に降りかかろうとしている災厄を古来の剣祓いの威力ではねのけ、帝国の前途を切り拓いてくれる人物はいないか、と相談を受けたのです。それで、このことを託せるのは小泉先生しかおられないということを西園寺公に申し上げました。生涯をかけての大変な仕事になるが、この刀を用いてやっていただけませんか」

中川は、家宝としていた備前則宗の名刀「菊一文字」を差しだして懇請した。

小泉青年は、打てば響くとばかり即答した。

「承知いたしました。不惜身命《ふしやくしんみよう》にかけて執り行わせていただきます」

第二章

霊剣を求めて「未来を着る」「未然を生《き》る」を切り拓く

神話を研究し、三つの霊剣から「フツノミタマの剣」を活殺自在の霊剣に選ぶ！

西園寺公の依頼を引き受けた小泉太志は、真剣による祓いを実施するには、どのように振ればよいのか研究を始めた。

もとより、剣道の相手を打ち負かすだけの技巧的な振り方では足りない。スキを見つけて力任せに振りおろしてもダメである。邪霊は、二、三度斬ってもまた復活し、前よりも強い霊力で襲いかかってくるであろう。斬っても斬っても、また巧みに姿を変えて来襲するにちがいない。

だから、二度と復活してこないよう邪霊を本心から改心させる振り方を工夫しなければならない。それを習得すれば、自分の持っている日本刀は、霊力の強い「霊剣」に変わるはずである。

刀は殺すためのものにすぎないが、本当の剣は、魔物すらも改心させ生かすことができるはずだ。その剣の用い方を会得すれば、それは、萬生の霊剣になるだろうと思った。

調べてみると、霊剣については、古事記と日本書紀にその記述があることがわかった。霊剣として三つの剣が記載されていたのである。

一つは「アメノトツカの剣」あるいは「アメノオハバリの剣」とも呼ばれるもので、この剣は国造りを行ったイザナギの命が持っていた最も古い直刀とされている。この長い直刀で、混とんとした状態の地球をらせん状に練りこみ、調え、秩序をもたらしたという。

宮殿の大柱を左から右に回ったイザナギの命は、神話を分析すると、時計回りの螺旋《らせん》の動きを暗示している。時計回りに回りながら四方八方に剣をふれば、混沌を調える力、無秩序を整理して固める意味があるのかもしれないと思った。

史上二番目に登場するのが「アメノムラクモの剣」、またの名を「クサナギの剣」という。この剣は、スサノヲの尊《みこと》が退治した大蛇の尾から取り出し、天照大神に献上され、さらにニニギの尊に下賜され、後に東征するヤマトタケの尊に渡されたものである。

クサナギの剣は周辺の草を薙ぎ払い、猛火に包まれたヤマトタケの尊を助けだしたが、最後の伊吹山の遠征のおりヤマトタケの尊はこれを携帯するのを忘れたので、山神の毒気に当たり死亡したと伝えられる。

霊剣は、大切に四六時中身辺に置いておかねばならないということをこの説話は物語っているのではないか、と小泉青年には思われた。

宮中にはこのクサナギの剣の形代が安置されているが、天皇が行幸に旅立たれる際も常にその形代がお傍を離れないでいると小泉は聞いていた。


三つ目の剣が「フツノミタマの剣」。

この剣は、天照大神の御子、オシホミミの尊の命により、タケミカヅチの神が出雲の国を平定したとき用いたものであった。出雲に渡ったタケミカヅチの神は、この剣を砂浜に突き立てその上に座って談判したところ、出雲族の大国主命はその威力に恐れをなし、戦わずして降伏したという。

この剣は、その後神武天皇の東征に際して大活躍することになる。

ナガスネ彦を誅罰しようとした神武天皇の軍勢が熊野山中で危難に陥った時、タカクラジが神武天皇の下に持参した霊剣がこのフツノミタマである。その剣の霊力のおかげで、軍勢は山中の毒気から覚醒し、百倍の勇気を奮い起こし、大和の征服に成功したとされる。

鹿島神宮のフツノミタマの剣

フツノミタマの剣は、神武朝の時代には物部氏の祖であるウマシマジの命が剣の臣として宮中で祭っていたが、敏感な体質の崇神天皇の代になって、あまりに霊力が強すぎ眠れなくなったので、宮中から石上《いそのかみ》神宮に移され、以来同神宮の御神体とされてきたという。以上の三つの霊剣のうち、最後のフツノミタマの剣がもっとも霊力が強いはずだと小泉は思った。「ふつ」は物を鋭く断ち切る音を表し、荒ぶる神々を退ける力を持っている力強いコトタマである。

ここで忘れてならないのは、神武天皇のもとにこのフツノミタマの剣が献上された経緯である。小泉青年は、そのなかでタケミカヅチの神が大きい役割を果たしていることに注目した。その経緯について、日本神話は次のように記している。

神武の軍勢が、険しい熊野の山中で難渋していたとき、天界は、強力な武の神、タケミカヅチの命を遣わそうとしたところ、タケミカヅチは「自分がいくまでもない。中津国（出雲）を平定した剣があるのでそれを地上に降せばよい」と応えた。

こうしてタケミカヅチの神は、次に神武天皇の重臣、タカクラジの夢に現れ「この剣をお前の倉に落とし入れるから、目が覚めたら、天つ神の御子、神武天皇に献上せよ」と指示した。

夢から覚めたタカクラジは、この剣を見つけだし、天皇に献上したところ、たちまちフツノミタマの剣は押し寄せる熊野山中の毒気を退散させ、軍勢の前途を粛々と切り拓いていったという。

この記紀の記述から、小泉青年はタケミカヅチの神に着目し、陛下と日本に襲い掛かろうとしている毒気、邪念、邪霊、魔物を祓いのけ、当面する日本の難局を切り拓くには、ぜひともタケミカヅチの神のご支援をいただかなくてはならないと考えた。

(そうか、タカクラジのように真剣にご助力をお願いすればよいのだな。そうすれば、タケミカヅチの神は必ず霊剣を下してくださるはずだ)

タケミカヅチの神の霊力をぜひとも拝借したいものだ。そうすれば、中川小十郎総長からいただいた日本刀は天下無双の神剣になるだろうと思った。

だが、そのためには、タケミカヅチを主神としてお祀りしている神社――かの名高い鹿島神宮に向かわねばならないだろう。

タケミカヅチの神からフツノミタマの剣祓いの仕方を直に教わる

自分の聖なる使命を預かり、自覚した小泉の行動は素早かった。

霊剣をいただくための修行を積まねばと、早速、鹿島神宮にて六泊七日の参籠《さんろう》をすべく茨城南東の鹿島台に向かった。

鹿島神宮の創建は、神武天皇の御代にさかのぼる。タケミカヅチの神恩に感謝した神武天皇が皇紀元年にこの鹿島の地にお祀りしたと伝えられる。

鹿島神宮の社殿は珍しく北を向いているが、北を向いている神社は、ほかには天野の丹《に》生都比売《うつひめ》神社と高野山の東の奥にある立里《たてり》荒神社などがある。これは何か北極星と関係があるのではないか、と小泉青年には思われた。

また、平安時代の『延喜式』神名帳で「神宮」と称されたのは、伊勢、鹿島、香取の三社のみであったことからも、朝廷で国家鎮護の武神として最重視されていたことが明らかである。かつては毎年勅使が派遣されていた由緒ある神宮である。

中世に入ると最高の武神として武家政権や大名の篤い崇敬を集めるようになった。鎌倉幕府や徳川幕府も領地を寄進し、免税の特権を与えていた。今日も剣術、杖術、柔術、合気術など武道の関係者がよく参詣しており、彼らの武道場には、「鹿島大明神」の掛け軸が掲げられていることが多い。

鹿島大明神のご神体は、フツノミタマの剣と呼ばれる長大な直刀で、これは現在国宝に指定されている。常陸国風土記によると、景雲元年（七〇四）に鹿島の砂鉄で製作されたもので、全長八十二寸、刀身六十七寸に及ぶ直刀である。安置されている石上神宮から返ってこないので、やむなく形代を製作したと伝えられる。


戦後は参籠の習慣がすっかり消えてしまったが、戦前までは何か重大な願い事があるとき、あるいは人生の岐路にさしかかり迷ったとき、人々はよく神社に籠り、神意を聴こうとしたものである。

江戸時代には有名な例であるが、二宮尊徳も大名に依頼された農地の開墾を進めるべきか、退くべきか、待つべきかの重大な判断を迫られたとき、神社に一か月以上お籠りして神意を確認し、決意を固めたという記録がある。周囲から押し寄せてくる妨害、遺恨、中傷などをはねのけ、さまざまな障害に打ち勝つにはどうしても偉大な神々のご助力が不可欠だったのだ。

小泉太志も、西園寺公からの依頼を引き受けた以上は、何が何でも妨害をはねのけ、威力を霊界に及ぼす剣祓いを円滑に実現しなければならないと決意を固めていた。そのためには、フツノミタマの剣の祓いの仕方を、江戸時代の剣豪から学ぶだけでは足りず、タケミカヅチの神より直に教わらねばならない。

川面凡児

鹿島神宮での参籠は、午前五時の禊から始まった。境内の東北の隅には、御手洗池と呼ばれる禊場がある。真夏でも凍えるように冷たい水が湧き出ているが、ここで、川面凡児の説く禊の作法を早朝、昼、夕と毎日三回実施した。

川面翁は「門弟」を取らず、訪れる人はみな「同人」として遇していたので、小泉青年も道の「同人」として禊や幣祓《ぬさ》いの作法などを学んだのであった。川面翁は昭和四年二月に帰幽していたから、小泉が川面から学んだのは二年間だけだったが、川面は弱冠二十歳の小泉を「先生」と呼んで敬意を表していたという。小泉が川面翁に会ったときは、すでに川面並みの透視力や遠隔治癒力を備えていたから、川面の説くところは、まるでスポンジが水を吸うように素早く吸収していった。

いま磯部の神武参剣道場には、川面翁が小泉青年に贈った直径三センチの水晶玉が遺《のこ》されている。「この水晶玉を託せるのは、小泉先生以外にいない」と言って渡されたといわれる。川面の唱えた「宇宙の大道」を引き継ぎ、さらに発展させてくれるのは小泉青年以外にないと思ったのである。

川面翁ゆかりの水晶玉

太志は、道場の年四回の講話の際には、金盃にこの水晶を載せ、お神酒をついで皆にふるまっていた。水晶玉に込められた宇宙の神気を飲ませようとしたのであろう。

タマフリ（魂殖り）で
丹田の魂体に点火させる（地球と宇宙全体の障り、気枯れを祓い浄める）

川面流の禊はまず鳥船の身体作法から始まる。

片足を前に出し、両腕で櫓《ろ》をこぐようにして上半身を丸めそらすのである。この場合、肛門を締め、会陰を刺激することが重要である。それによって体液と血液の循環を活発にするとともに、生命エネルギーを会陰から湧き立たせ、脊髄の中を上下に移動させていく作法である。

鳥船の運動で体が活性化すると、こんどは宇宙に充満している稜威《みいづ》と呼ばれる神気を口から飲み込み、それを下丹田に運び、息を止めたままタマフリ（フルタマ）を行う。タマフリというのは、組み合わせた両手と意識を丹田の前でずっと旋回しつづける動作であるが、これを行っていると、真冬でもろうそくの火がともったように下腹部が温かくなってくる。

タマフリは、漢字に当てはめると「魂殖り」である。組んだ両手と意識を下腹で旋回させていくと、丹田の魂体に点火されるので下腹が熱くなる。点火した魂体を「魂殖り」の継続によってさらに大きく増殖させ、体全体に火のエネルギーを巡らせていくのである。

これに慣れてくるとまるで、不動明王が火炎を背負ったような姿になり、真冬でもぽかぽかと温かく感じるようになる。今でいう赤いオーラの火炎である。


八戸にいたころから、鹿島神流の剣術を修行していた太志命にとってこの作業は手慣れたものであった。毎日三千本の木刀を振っていたから、下腹の筋肉は、鉄板のように硬くなっていた。教え子たちからは、「肚から火が出ている」と畏《おそ》れられていた。

八戸時代に、丹田を練る「練丹」ができていたのである。丹田で練った気が、剣先に伝わり、剣先から気の炎が二、三尺ほとばしるほどになっていた。

幕末、明治には、肚から出る火で盥《たらい》の水を沸かせた剣豪がいたという記録があるが、実際、太志もそれができたようである。

下丹田は、タントラ（密教）ヨーガでも火をつかさどる部位（スワディスターナ・チャクラ）とされている。真言密教では、下丹田は火炎を放つ不動明王の座とされている。

小泉太志は、体全体に火炎をみなぎらせたあと、気合をかけ、御手洗池の泉から湧き出る冷水をかぶり、直ちに池に身を浸していった。氷のように冷たい滝水や泉水を前にすると、心身は萎縮してしまうが、その逡巡する弱気を祓うべく、二本指で瓊矛《ぬほこ》の印を結び「イーエッ、エーイッ」とオコロビの気合をかけて池水に入っていった。

御手洗池

凍りつくような冷たさに耐えながら、再び組み合わせた両手を丹田の前で、激しく旋回させていく。魂殖りを必死で続けながら「大祓戸《おおはらえど》の大神、大祓戸の大神、大祓戸の大神」と称名を続け、そのご助力を得て、障りと気枯れを祓い浄めていくのである。

川面先生によると、それはわが身一人の障り、気枯れでなく、地球と宇宙全体の障り、気枯れを引き受け、祓い浄めていく神聖な作業なのだという。

「自分一人のために禊を行うなら、かえってそれは罪をつくることになる」と川面翁はよく説いておられたのであった。

禊のタマフリからあがると、次はタマシズメとよばれる精神集中に移る。

参籠しているお堂に戻り、神棚に向かって正座しながら、一人黙々と「タケミカヅチの大神、タケミカヅチの大神、タケミカヅチの大神」と三十分ほど繰り返し称名を続けた。そのあと、「フツノミタマの剣、フツノミタマの剣、フツノミタマの剣」と剣をイメージしながら三十分間呼びかけ、霊剣の秘法が降りてくるようにと真剣に願い続けた。

座禅する場合は、沈黙したまま瞑想するが、それよりも一定の称名を唱え続けた方が雑念が少なくなり、集中力が増すことを小泉青年は知っていた。イメージ（想念）を強化するためにも、称名の繰り返しは役に立つ。

このようにある一定の心口意の作法に集中することによって、「私」という過剰な自意識を消すことができるのである。

もともと神名を連唱してタマシズメを行う手法は、川面先生が提唱していたものである。

川面の道統をうけつぐ稜威《みいづ》会では、今もアマノミナカヌシ、アマテラスオホミカミなどの神名を、丹田のまえで組み合わせた両手を旋回させながら長時間奉唱している。

一時間かけて神名奉唱を終えると、朝食になるが、参籠中の食事は粗末なものである。玄米のおかゆとみそ汁、それに梅干二個がついているに過ぎない。食事は一日二回、夕食も同じ内容である。

小休止した後、また午後から二時間かけて禊と称名が始まり、最後に夕べにその作法がもう一度繰り返される。その合間と夜間には、空腹に耐えながら神宮の杉林の中で真剣を振り続けた。

昼でも暗いうっそうとした杉林の中から、タケミカヅチの大神が姿を現してくれるのではないかと期待しつつ、彼は真剣を上下左右に斜めに、そして螺旋に振り続けた。

疲れ切って元気が枯れ果て、弱気にくじけそうになったときは、「太志命、太志命、太志命」と呼びかけ、重大な使命を忘れるなと自らを叱咤激励した。

意識がおぼろになるにつれ、それは、いつしか耳元で「大使命、大使命、大使命」と木《こ》霊《だま》のように反響するようになった。

それは深い鹿島神宮の杉林の中から前途を予祝してこだまするコトタマの響きのように感じられた。

日本人は宇宙人類《みそらひと》の源として定められ、その代表が皇室（ニニギの大神の霊示）

小泉太志が自身の重大な使命を自覚し決意したのは、最終的には西園寺公の鶴の一声によるものであったが、それより以前におおよそ知ってはいた。

というのは、小泉の使命について八戸の「白龍さん」と呼ばれる霊媒の婦人（清川トメ）に七龍明神からの託宣が次々に降ろされていたからである。白龍さんは、八戸の吹上にある白龍神社で白龍会という信徒団体を組織し、数々の神託を降ろしていた。

それは昭和九年十一月二十六日から十二月十一日にかけてのことであった。降りてきた神託は、「ニニギの命」と呼ばれる存在が八戸の七龍明神を通じて現れ、小泉が「霊士《ひのもののふ》」となって天皇を護る任務のあることを知らせようとしたものであった。

その一部は、柞木田《たらきだ》龍善著の『日本神道』に掲載されているが、要点を抜粋すると――。

「吾はニニギの大神なるぞ　吾はこれ　百万神《ももよろ》の差配《つかさ》とる　神にありてぞ　日の本の国の皇親《すめみおや》をつくりしは　吾の掟によりしものなれ……」

「ニニギの大神は　人の世にいふ　たまのみはしらの神なれ　宇宙人類《みそらひと》のつかさとるぞ……」

「ニニギの神のみことのり　受けし七龍明神の　ここなるうき世の　掟をば　みかどの霊《ひ》の道　とり行けば……」

この霊示によると、日の本の国民は　宇宙人類《みそらひと》の源として定められ、その偉大な代表として皇室が作られたという。ニニギの大神がそれを管理、差配してきたが、時代が下るにつれ、みかどの尊い教えが忘れられ、ないがしろにされてきた。

白龍神社（八戸、吹上）

そこで、この世をまもる七龍大神にみかどの教えを述べ伝える「霊士《ひのもののふ》」を育てさせるという任務を与えたという。そして、その白羽の矢が小泉青年に当たったのである。ニニギの大神は、記紀によれば偉大なる天照大神の孫にあたる霊覚者であった。

「今日の日ぞ　汝の身は　すめらみかどの　教へつかさと定まりぬ。
みやこに出でいく　ときなれば　小泉の君　これをば導きて　霊士《ひのもののふ》の連類《ともがら》作る役
……汝の身は　神の使ひにありければ　ニニギの護り絶えるときなし」

そして、今日から小泉に、すめらみかどの「霊《ひ》の元の道」を教えさせるという重大な職務を与えた。今や都に出ていく時が来たから、都で霊《ひ》の元の教えを広める「霊士」の仲間を作っていけ、すでに小泉は神の使いとなったので、ニニギの大神がずっと守護していくぞという旨の不思議な託宣であった。

神社で静かに参籠するときは、余計なことを考えていけないのだが、授かったニニギの大神の託宣など、懐かしい八戸での思い出がつぎつぎ浮かんできた。自分の任務は、忘れられた皇《すめら》の道を実践し、これを教えることだったなと再確認したのであった。

雑念を捨てようとすると、かえって抑えていた過去の記憶が湧いてくるものである。

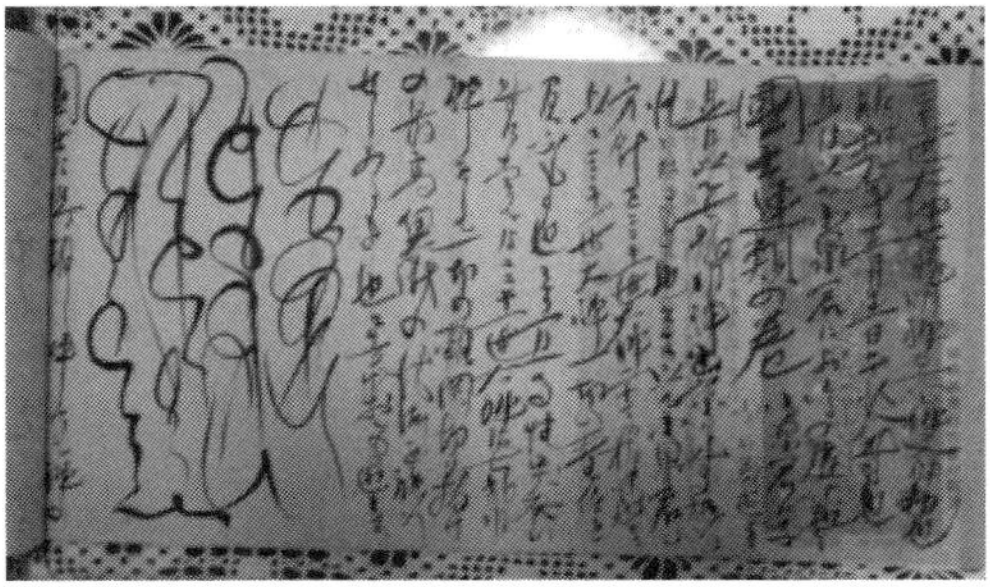
ニニギ大神の霊示（巻物）

「タケミカヅチの大神、タケミカヅチの大神」と小声で念じ続けていても、やはり懐かしい故郷の仲間の顔が浮かんでは消える。

お堂に籠り、心静かに「フツノミタマの剣、フツノミタマの剣」と唱え続けていても、また以前に授かったニニギの大神の重大な託宣が思い出されてきた。最も重要な託宣として小泉が覚えていたものが、ふと念頭に浮かんできた。

「すべて何事がおきいでくるとも　汝はただ　心静かに唱へあれかし。
　汝の唱へあらば　いかなる　まがつ霊《ひ》とも　消え行く春の淡雪とこなし。唱へなく『ただ神』の一念も　ひとしく汝を救ひいくかも。『ただ吾は神や』の一念ぞ。
　他の唱へ言なしてありとも　いづこより　来たり　いづこいく汝の心はこれにて解けにける」

この神示は重要な一節である。

「吾は神なり」という揺るぎない一念がなにより大事だ、他の唱え言をしていても、あるいは唱えなくてもこの一念を忘れなければ、不安定な迷いの心は去り、すべての問題はおのずと解決に向かうとニニギの大神は霊示してくださったのだ。

太志は、この一節を思いおこし「吾は神なり」という強い信念を心に秘めて「タケミカヅチの大神」、「フツノミタマの剣」の称名を唱え続けることにした。

もちろん、それは人に話すものではなく、わが胸に静かに忍ばせておくべきものと心得ていた。

内なる邪気に対峙する剣と祭祀をもって魂魄を磨く（懐かしい八戸時代）

思い起こせば、六歳のころ父から剣道を教わり、その後地元の道場でメキメキ腕を上げていき、気が付けば地元の少年たちに剣道を教える教室を開くまでになっていた。

十代前半までの少年時代は、ただ剣道に強くなりたい一心で毎日竹刀《しない》を千本以上打ち込んでいた。小泉が習った師匠は、鹿島神宮に伝わる鹿島神流の「祓い太刀」を徹底的に教えてくれた。

ただそのころは、剣道は自己修練の道と心得、それによって邪霊を祓い、魔をこらしめ、霊《ひ》の元の道を調えるという霊的な作用までは全く考えが及ばないでいた。

小泉は、明治四十年八月三十日、姉弟など六人の中の三男として八戸で生まれた。父寅次郎は、農作業のかたわら沈没船回収の潜水作業などを手伝っていた。

大正九年三月に八戸の鳥見小学校を卒業し、優秀であったので同年八月から三戸の鳥屋部小学校の代用教員に委嘱された。当時の田舎では教員が不足していたので、卒業生が低学年の代用教員を務めることは珍しくなかった。

当時の八戸は、人口十万人弱の港町であったが、かつて南部八戸藩二万石の城下町であり、尊皇尚武《そんのうしょうぶ》の気風の残る町であった。

日本三大駒のひとつである八幡馬の発祥の地でもあり、産土《うぶすな》の櫛引《くしひき》八幡宮は南部一の宮であり、格式を誇る古社である。その国宝、赤の「菊一文字の大鎧」は、奈良の春日大社の鎧と並ぶ天下の鎧とされている。

南北朝時代は、南部師行《もろゆき》が後醍醐天皇の勅命を受けて拠点の根城《ねじょう》を八戸に築いていた。南部師行は大阪阿倍野の合戦で足利尊氏に敗れ壮烈な戦死をとげたが、その子孫は五代にわたり南朝方への忠勤を励みつづけた。南朝方の忠義の記憶は、戦前までこの地方に色濃く残っていた。

江戸時代には、東北有数の港町として栄え、南部八戸藩の木炭、軍馬、琥珀、海産物などを江戸や松前に輸送し、藩の財政も堅実であっ

小泉家、左端が太志

櫛引八幡宮

た。

江戸や桑名との水運を開いていた八戸藩には、熊野の九鬼神流の剣術と剣祓いも伝えられていたようである。おそらく熊野の修験者が八戸に渡ってきて南朝方の南部藩に伝授したものであろう。


九鬼神流の剣祓いは左右の上から斜め下に斬り下げること六回、下から斜め上に斬り上げること二回、最後に上からまっすぐ斬り下ろして祓い浄めるというやり方である。ちょうど星形に沿って斬り下げ斬り上げ、最後に裂帛《れっぱく》の気合とともに縦一文字に斬り下ろすのである。多分、小泉青年もこの剣祓いを師匠筋から習っていたのではないだろうか。

この星形の斬り込みは、陰陽道で最強の邪気祓いの力を持つとされている。ただし、まずは自分の内なる邪気――こだわり、思いこみ、恨み、妬み、比較する気持ちなどを徹底的に祓うことから始めなければならない。内なる邪気を祓いに祓ってしまえば。外からの邪気は寄りつけなくなるはずである。

九鬼神流の斬り下げ斬り上げ斬り下ろす剣祓い

八戸時代の小泉青年は、少年たちを連れて毎月八幡さまに丑の刻まいりを行い、正月には、臥牛山《とやべ》、名久井岳《なくい》に登り、ご来光を拝みつつ剣を振り、世界平和と国家安泰をお祈りした。後年そのことを思い出して、太志は一連の歌を詠んだことがある。

「寒風《かぜ》に送られ産土の　八幡様の丑刻《とき》参り
臥牛《とやべ》の山の契り星　戸来《へらい》名久井《なくい》の山結び　大海原の雲の橋　白山行の　うまし業」

八幡社の隣に楠木正成公を顕彰する楠公廟がある。

楠公廟は昭和十年に地元の名士によって建立されたものだが、小泉青年は楠公廟の前庭で熱さ寒さをものともせず、毎日三千回の厳しい素振りで少年たちを鍛えていた。後年、大人になった少年たちは、このころの厳しい指導を思い出して深く感謝する文章を『小泉大先生を偲んで』という文集に残している。

楠公廟の横には、楠公六百年遠忌を記念して石碑が建てられていたが、そこに刻まれた碑文を太志は終生覚えていた。参籠中も、この碑文がときどき浮かんできた。

「文をもって理義を明らかにし、武を持って胆勇を練り、礼をもって克己をわきまえ、楽をもって天真を養い、農をもって耐力を鍛え、祭祀をもって魂魄を磨く」

実に簡にして要をえた人生訓である。文武両道を歩み、礼楽により心身を調え、農業を大切にし、祭祀を怠らないこと。この人生訓は、小泉青年の生涯にわたる指針となり、心の御柱となった。

参籠して瞑想している間も、ときどき楠公廟の前の寒稽古の風景が脳裏に浮かんできた。霜柱をサクサクと踏みつける皆の足音が聞こえてきた。厳しい稽古が終わると、糠部《ぬかのぶ》の城山に登り魂鎮めをしていた。そして、十和田湖にも遠征して龍神さまに祈りを捧げたことが懐かしく思いだされた。

「暁《あかつき》天深く霜踏みて　楠公の廟
糠部《ぬかのぶ》の城の魂鎮め　十和田に祈る　神事や」

祓い浄めて「吾は光（霊駆り）なり」と化す（水の火と火の水を響き合わせる）

参籠でつらいのは最初の三日間である。空腹に耐え、体が興奮して寝付けないつらさに耐え、小食のため便が出なくなり大量のガスが出る悩みにも耐えなければならない。剣を振りつづけて疲労困憊しているはずなのに、冷水の禊で全身の細胞が興奮し、なかなか寝付けないのである。

小泉青年は、最初の三日間はまんじりともしない夜を過ごしたが、四日目からにわかに体の感覚が変わった。粗食に慣れ、睡眠不足に慣れてくると、不満の気持ちも収まり、体が急に軽くなった。それにつれて、雑念も次第に湧かなくなり、思い煩うことすら忘れてしまった。

息を吐いて吸うことに集中し、時間が来れば御手洗池に向かい、水をかぶり、再びお堂に戻って念唱に専念する。ただ「吾は神なり」という静かな一念だけ保持しておけばよい。粗食をいただいたあと壁にもたれて小休止し、そのあと杉林の中で真剣を振るという決まった動作を続けた。体が規則的な生活リズムに慣れてくると、考えることもなくなり、心境はますます透明になっていった。

五日目の早朝、いつものように朝日を浴び、その稜威《みいづ》と呼ばれる霊的エネルギーを繰り返し口の奥から吸収し、丹田に納めていたときのこと、突然、下腹に熱い玉のようなものが燃え上がり、それが脊髄に沿って上昇して頭頂で爆発し、たちまち全身が白い光に包まれるのを太志は体感した。

わが肉体が消え、透明な白光そのものになったような気がした。「吾は光なり」と思わず声をあげて叫びそうになった。光は古語で「霊駆《ひか》り」の意味であるが、もし霊駆《ひか》りは神とするなら、「吾は神なり」と断言してもよいのではないかと思った。

そういえば、川面凡児先生は、「人はみな光の子である」と説いておられた。しかし、無用な思い煩い、取り越し苦労や過大な欲望などの叢雲《むらくも》が絶えず侵入してくるのでこれをすぐさま祓わなければならない。

神ながらの道は「祓い浄めに始まり、祓い浄めに終わる」と強調しておられた。完全に祓い浄めてしまえば、光の子として燦然と光り輝くのである。

「人間は罪の子であって、救世主や阿弥陀仏にすがらなければ救われない」という入口の狭い信仰とは違うのだと力説しておられたことを懐かしく思いおこした。

キリスト教や仏教は、聖書や仏典をよりどころにしているが、神ながらの道の経典は、偉大な天地自然である。天地自然にみなぎる「書かれざる経典」をよく読むことだと川面翁は説いていたのであった。

また、川面先生は、人はみな「アラヒトガミ」であると主張しておられた。

天皇陛下は、天照大神の霊統、天つ霊嗣《ひつぎ》を受けついだ偉大な「アラヒトガミ」であるが、人もまた及ばずながらその霊統の分け御霊《みたま》をいただいてこの世に顕《あらわ》れてきた尊い存在だから「アラヒトガミ」であり、天皇陛下に倣《なら》ってその御霊《みたま》を禊《みそぎ》と祓《はら》いを通じて光り輝かせることを任務としていると教えておられた。

アラヒトガミというのは、ある幽《かく》れた存在（カミ）がこの世に顕れて（アラ）、人の姿をとったものという意味であるから、はじめから人間であることは疑いようがない。人はみなアラヒトガミであるという主張は不敬罪で摘発されてもおかしくない発言であったが、摘発を免れたのは川面門下に高位高官が多かったためであろう。

御手洗池での禊も、五日目からは感じが変わった。禊は、表面的には水で体をすすぐことだが、この日は水の霊《ひ》が十兆個の細胞にしみこみ、全細胞を内側から活性化していることが感得できた。細胞同士が連絡を取り合い、激しく刺激し合い、共鳴して大きなうなりを生じているように思われた。

その地響きのようなうなりが、熱を帯び、つぎつぎと無数の細胞に点火し全身を浄めているように感じられた。禊は水の霊《ひ》を体に注ぎ入れることでもあったのだ。

思い起こせば、川面先生は、禊は「水の火と火の水が行き来する」行であると教えておられたが、その境地に近づいてきたように思われた。「水の火と火の水」を響き合わせることが、すめらみことの霊《ひ》の元の道ではないかと気がついた。

それを記号化すれば、上向きの△と下向きの▽の組み合わせとして表現できるのではないか、とふと思った。上向きの△は火のように昇るはたらきを示し、下向きの▽は水のように降るはたらきを示しているはずである。

太陽の火を呑みこんで体の水と混ぜ、池の水を浴びて体の中の火と混ぜあわせてみると、確かに心身は透明になり、元気になり、活性化するけれども、しかし、何かまだ足りないものがあるように感じられた。

何が足りないのだろうか。火と水以外に忘れているものがあるのではないだろうか――

太志は、さらに探求を続けた。

二人の剣豪から学び取った「夢想」と「相抜け」の極意（霊体の眼による超感覚的知覚を開く）

最終日、六日目の夕食を終え、小休止した後のことである。

これで最後と、彼は奥深い杉林の中に分け入って真剣を振り続けた。草履をぬぎ、裸足《はだし》になって枯れ葉に覆われた小道でひたすら自分の考案した剣の型を繰り返した。右に左に、斜めに、螺旋にと縦横無尽に振りつづけた。

もし、深い杜《もり》の暗闇の中から邪気、邪霊や悪霊、幽霊などが現れたなら、斬って捨てようと待ち構えていた。

昔の剣豪たちは、そういう眼に見えない魔物がいきなり現れ襲いかかってきたときどういう風に対処しただろうかと、疑問が湧いてきた。江戸時代の剣術家たちは、邪気、邪霊に対応する秘法をもっていたのだろうか――。

小野忠明

小泉青年が普段から模範としていた江戸時代の剣術家が数人いた。

一人は、徳川家康に仕えた安房の小野次郎右衛門忠明。一刀流の開祖、伊藤一刀斎に師事し、奥義の「夢想剣」を極めたが、その極意は「遠山の目付け」と呼ばれる。対戦相手に向かっていても、どこにも焦点を合わせず、遠方の山々を眺めるようなうつろな眼でおれ、というのである。

それを保持すれば、必ず相手を倒せるという。そうなるには、対戦していても「夢想」すなわち夢の中に遊んでいる状態、思考を停止させた腑抜けの状態になっていなければならない。これはなかなか難しい要求である。


小泉太志が私淑していたもう一人の剣術家は、江戸時代初期の兵法家、針ヶ谷夕雲《せきうん》であった。

夕雲は、新陰流の上泉伊勢守（信綱）の弟子であった小笠原玄信斎に極意を授かったが、上泉伊勢守の祖師は、愛洲移香斎《あいすいこうさい》であった。移香斎は、志摩国愛洲城（現南伊勢町）の城主であったが、岩屋に参籠して陰流を開き、のちにこれが上泉伊勢守の新陰流に発展していくことになる。

その夕雲流《せきうん》は、戦いを求める畜生のような心を捨て、本来のこだわらない自性のはたきを剣に生かせと説いていた。いわば赤ん坊のような無我の境地で天に身をゆだねることを求め、これを「抜け」の極意と称している。

立ち合いは、互いに空を打ち合い、微妙な格の差を知って無傷のまま別れることを理想とし、これを「相抜け」と称した。激しい打ち合いを避ける夕雲流は、人間本来の勝負にこだわらない自性を強調する禅宗の影響を強く受けている。

小泉青年は、小野忠明の「夢想」も針ヶ谷夕雲の「抜け」も同じことを指していると感じていた。焦点を合わせない夢うつつの境地は、自我の抜けた赤ん坊の境地であろう。ぼやっと全体を見ているので、相手の微妙な動きはかえって即座にみえる。

それはまた、宮本武蔵がいう「観の目」なのであろう。武蔵は、五輪書で「観《かん》の目強く、見《けん》の目弱く」持てと指示している。焦点を合わせない「観の目」で、見るともなく観《み》よ、というのである。

そして虚ろな状態の心身から抜け伸びてくるわが霊体で相手を包み込むと、相手の後姿も横顔も霊体の眼で見ることができる。相手の動きの全体が見えるのは、肉眼による知覚ではなく、霊体の眼による超感覚的な知覚を開いたときであろうと思われた。こだわらない自由自在な自性のはたらきとは、そのことを意味しているにちがいない。

小泉太志は、暗い杉林の中で真剣を振りつつ、赤ん坊が夢想しているような状態にもっていこうとした。疲れれば疲れるほど、無垢の状態になり無意識の心境に近づき、ありのままの自性が発露するだろうとわが身を激しく攻め立てていった。

千回、二千回、三千回と真剣を振るにつれ、鹿島神宮の杜は、次第に深い暗闇に包まれていった。小泉の意識も朦朧としてきた。何も考えが浮かばないが、周囲を見る感覚だけは妙にさえわたっている。


明るい時間帯だとまだ肉眼が働き、前頭葉が活発に動いているが、漆黒の闇の中では、視覚の認識は不要となり、超感覚的なオーラの眼がはたらき始める。肉眼では見えない邪霊の動きや幽霊の恨み、呪詛の襲撃、陰謀の企みなどが自ずと見えてくるはずである。

小泉の身体感覚はますます鋭くなり、襲ってくる邪霊や悪霊をいつでも迎え撃つ用意が出来上がっていた。

静まり切った深更《しんこう》の杜の中で、枯れ葉を踏む音に交じって空を斬る真剣の音がサッサッと鳴り響いている。ときたま、遠方でフクロウがホウホウと鈍い声で鳴いているのを太志命は夢心地で聞いていた。

夕雲流「抜け」の作法で気枯れ・邪気を土に還す（みいづ息吹法）

参籠は今晩で最後だから徹夜してもいい、徹底的にやってみようと小泉青年は肚をくくった。魔物に出くわすまで、剣を振り続けてみようと思った。闇夜を斬る鋭い音だけが杉林のなかで響いていた。

午前二時、丑三つ時に入りかけたときのこと、あたりがなにかザワザワとうごめき始めた。樹の葉が揺れているようであるが、漆黒の闇なのでまったく眼には見えない。何だろうか、と眼を凝らしてみた。

次の瞬間、黄燐《おうりん》のようにぼんやり光るものが眼の前に現れ、すっと近づいてきた。背筋に冷たい恐怖を感じ、おもわずイーエッと気合をかけ、ふわふわ浮かぶ黄燐の気体を一刀のもとに切り捨てた。

靄《もや》のような気体はたちまち消失した。うまく退治できたと思った。ところが、次の瞬間、それは倍の大きさで襲いかかってきた。再度斬りかけようとしたが、間に合わず、小泉の身はその冷たい靄にすっぽり呑み込まれてしまった。

体がヒヤリとし「アッしまった」と思ったが、もう間に合わない。体は一瞬凍りついたようになった。


だが、さいわい体が「抜け」の作法を覚えていた。すこし飛び上がってストンと地面に足裏をたたきつけると、黄燐の気体は足芯からスーッと地面に吸い込まれ、それっきり浮上してこなかった。

夕雲流の「抜け」の作法は、赤ん坊のように自我意識を体から抜くばかりでなく、体内に侵入した異物を足芯から抜くことも意味していたのである。幸い、裸足《はだし》であったので大地がすぐに吸収してくれたのだ。

霜柱の立つ八戸の楠公廟前の地面で、毎朝素足で素振りをしていたから、彼の足裏は象皮のように硬くなっていた。

「抜け」の作法は、川面凡児先生の「みいづ息吹法」の要諦でもあった。朝日の神々しい稜威《みいづ》を口から飲み込んだ後、下腹に深く納め、その光によって体の中の気枯れや障りを分解し、最後に足芯を強く意識し、足芯から地中に還してやる吹き流しの法である。

太志は川面先生に教わるまでもなく、八戸時代から毎朝この足芯から抜くやり方を十二分に繰り返していたので、気枯れや邪気を土に還すということを足の裏が覚えていたのであった。

この「みいづ息吹法」は、実は、大祓い祝詞に登場しているものではないか、と小泉青年は思っていた。

大祓い祝詞の最後の部分に、「速川の瀬にいます瀬降りつ姫が気枯《けが》れを下流に流し、渦巻く大海原にましますあきつ姫のもとに気枯れを運ぶと、息吹戸主が手伝って地中にいる速さすら姫のところに還していく」という一節がある。

これは頭にわだかまっている煩いや自我の執着を背中から下におろし、胸にたまっている怨念や弱気などを太陽神経叢のうずまく下腹に落とす、そうして息を深く吐きながら、それらの気枯れや障りを足裏から抜いていく、そうすれば地中にいます浄化の神がこれを吸収して清らかな心身にしてくれるという祝詞ではないか、と思われたのである。

不安や恐怖、恨み、つらみ、妬みなどの悪感情は、抽象的な観念ではない。それらは、眼には見えないが形を持って生きている微細なエネルギー体である。生きている実体だから抜くことができ、いったん体に入り込んでしまうとすぐさま土に向けて抜かなければならないのである。

幽霊の怨念や呪詛の念も、そして自我の執着も、具体的な形を伴った生き霊《りょう》であって普段は想念界を浮遊しているが、時と所を得てこの現実界に出現し、憑依する。憑依されると、直ちにそれを分解し浄化しなければならない。

剣祓いや気合法などでそれを分解し、想念界にいったん送り返すことができるが、霊力の強いものは再度態勢を整えて逆襲してくることがある。

それに負けてしまったときは、とにかく「祓戸四神」（せおりつ姫、速あきつ姫、いぶき戸主、速さすら姫）のお力を借りて足裏から抜くことである。速やかに足裏から抜くためには、普段から心身を清浄に保っていなければならない。

悪霊は清浄な光の境地を一番嫌うから、いったん入り込んでも居心地がよくないと出ていくにちがいない。あるいは中和されて消えてしまうだろう。反対に、心身が濁っておれば、悪霊は住みやすく感じ、いつまでも居残ることになる。

これまで自分は、日の光の作用と水の浄めの作用に注意を奪われていたが、本当に大切な土の作用をすっかり忘れていた。この地球の大地の持つすぐれた吸収浄化のはたらきを忘れていたと太志はいまさらながら気がついた。

日本人は、火（日）と水（月）そして土のはたらきに感謝し、その精妙な響きをいただくことを忘れてはならないのだ。すめらの「霊《ひ》の元の道」というのは、火と水と土のはたらきを借りて心身霊を絶えず浄化していくことだな、と太志は納得した。そうすれば、人は「光の子」、「神の子」に立ち返ることができるはずだ。

だが、それで十分だろうかと小泉青年はさらに自問した。

地中に還した邪気、邪霊は、速さすら姫のお力である程度は浄化されるであろうが、完全に浄化されないかもしれない。やはり、邪気、邪霊という実体は、心底から改悛させないと治癒しないのではないだろうか。そして再び以前の倍の力で復讐してくるのではないだろうか。

本当に反省させ、悔悟に導くためには、別の作法により、明るい光の世界があることを教え、その輝かしい世界に導くことが求められるのではないだろうか、その鍵は、おそらく剣先から霊光を放つ神剣による導きが握っているにちがいないと小泉太志は考えた。

すべてを生かす「萬生の剣」とは、そういうものであろうと思われた。

念流の極意「過去の術」では、人は常に過去に生きている（いまをつかむことはできない）

それにしても、あの鈍く光る黄燐のような気体の突然の出現に気づかず、不覚を取ってしまったのはなぜだろうか。再度襲来してきた時の認識が半秒ほど遅れたのはどうしてだろう。認識というものは、いつも過去に属しているのだろうか。

人間が認識できるのは過去に起きた事象でしかない、端的只今《たんてきただいま》の事象は認識できないとすると、霊界からいきなり登場する魔物や邪霊には未来永劫勝てないのではないか。

忍び寄ってくる魔物や邪霊に打ち勝つにはどうすればよいのだろうか。真っ暗闇の杉林の中で、太志は真剣を振りつづけながら自問した。と、次の瞬間、ひらめくものがあった。

疲れ果てて思考力が鈍ってくると、意外によいひらめきが湧いてくるものである。

念流の極意に「過去の術」というのがあったのだ。それがいきなり思い出されてきた。念流は、南北朝時代の時宗の僧侶（のちに禅僧）であった念阿弥慈恩《ねんあみじおん》が創始したものだった。彼は、鞍馬寺で剣術を修行し、鎌倉で神僧より鹿島の太刀の秘伝を受けたといわれる剣術の達人でもあったが、その伝書『念流正法兵法未来記』が遺《のこ》されていた。

念阿弥慈恩

念阿弥によると、人は普段は過去に生きているのだがそれに気づかず、過去の出来事でありながら今の出来事と思いこむ癖がついているという。相手の攻撃は、認知する一瞬前に起きているが、それを「いま起きた」と認知する癖が抜けきらない。しかし、そのときはもう後れを取っている。

視覚と脳による事象の認知は必ず一瞬遅れるから、認知した人はいつも過去に生きているということになる。「いまだ」と思ったときは、「今」はもう過ぎ去っているのである。

そういえば、ある禅僧がこんな道歌を詠んでいたではないか。小泉青年は昔習った道歌を思い出した。

いまという　いまなる時は　なかりけり
まの時来たらば　いの時は去る

「ま」と発声したとき「い」と発声した瞬間はもう去っているのであるから、永遠に「いま」はつかめないよという皮肉を込めた道歌である。「いま」を認知して「いま」を生きている限り、その人はすでに過去に属しているというのである。

しからば、どうすればよいのか。今を生きるのではなく、「未来に生きよ」ということなのか。

「その通り」と応えたのが、禅僧となった念阿弥慈恩である。未来に生きていると、敵はすべて過去にしか存在しない、したがって相手が武士であろうと魔物であろうと、過去に起きた敵の動きは完全に読むことができるというのである。

小泉青年がもし未来に生きていたなら、あの黄燐を放つ冷たい魔物の襲来ももっと早くつかむことができたはずである。

念阿弥の説いた「過去の術」を思い起こし、彼は「ああ、あのとき己は未来に生きていなかったのか」と深く反省した。「ま」の時に生きていなかったので、「い」の時をつかめなかったのだな、と気がついた。

では、未来に生きるにはどうすればよいのか。それについて念阿弥は回答を保留している。後に続くものが工夫して悟れというのみである。

ここから、ふたたび太志命の探求が始まった。いまだ現象として現れていない事柄、すなわち「未然」をつかむには、その現象よりも未来に生きていなければならないが、さてそれには、どうすればよいのか――。

「未来を着る」とは未来に生き、未来を予見すること！

奉剣を終えた小泉が、そんなことを考えながら帰り道を歩いているうちに、夜空は白々と明けそめてきた。先刻まで漆黒の闇に包まれていた杉やブナの深い木立が、その枝々を浮かびあがらせてきた。

（そうだ、貴重なひらめきを与えてくださったタケミカヅチの大神にお礼のご挨拶にいかねば）

我に返った太志は、帰りに奥宮に寄ってみることにした。奥宮は、本殿の東北の杜のなかに鎮座している。徳川家康が関ヶ原の戦勝のお礼に建立したものをこの場所に移したものである。

奥宮の社前に立ってしばらく黙念していると、突如、奥のほうから刀を携えた兵士たちが続々と太志の前に顕れてきた。何だろうとぼんやり見つめていると、白馬にまたがり金の甲冑《かっちゅう》を着こんだ将軍らしい人物が太志の前に顕れ立ち止まり、やおら黄金の剣を抜いて高く掲げた。するどい金色の光がまぶしく小泉の眼を貫いた。

鹿島神宮の奥宮

その威厳に打たれ、思わず社前にひざまずき、深々と頭を下げた。「抜けの術」と「過去の術」を教えていただいたことを感謝し、「未然」をつかむ方法を授けてくれるようにと祈願した。

しばらくして、首《こうべ》を上げたときには、白馬も兵士たちもいつのまにか姿を消していた。

不思議なこともあるものだと思いながら、お籠り堂に戻ろうとすると、白衣を着たなじみの神職に出会った。奥宮の榊を新しいものに代えようとして境内に入ってきたところだったので、尋ねてみた。

「さっき奥宮の前で、白馬にまたがった将軍らしい神霊と出会ったのですが、どんな神様でしょうか」

神職は、驚いた表情で言った。

「小泉さん、本当に白馬でしたか。奥宮の秘事ですが、正月七日には、ご祭神が白馬の蹄《ひづめ》の音とともに立ち顕れるという言い伝えがあります。小泉さんがご覧になったのは、たしかにタケミカヅチの大神ですよ」

のちに、長くつらい修行を経て、太志は「未然を生《き》る、未来を着る」という命言を打ち立てた。「命言」というのは、道理を明らかにした太志命の言明という意味である。その命言はいま、磯部の道場に額装されて掲げられている。

彼は未来に生き、未来を予見することを「未来を着る」と表現した。未来というのは、紋付と同じように「着る」ことができ、また着ていなければならないのである。未来という紋付には、未来の眼が備わっているから、今という過去に起きていることをことごとく観透《みとお》すことができる。

紋付についている家紋は、邪気、邪霊の侵入を祓う眼の役割をしているといわれる。たしかに風邪などの冷たい邪気は特に背中の肩甲骨のあたり（チリケ）から侵入しやすいので、それを防御するため首の真下にあたる背中に家紋が染め抜かれている。

小泉家の家紋
「五瓜《ごうり》に唐花《からはな》」

それは先祖代々の威力のこもった守護の眼である。未来の紋付についている未来の家紋の眼は、隙あらば侵入しようと待ちかまえている邪気、邪霊の動きを事前に察知して追い払ってくれているのだ。

未来の紋付を着ておれば、過去に属するものの動きは、武士であろうと魔物であろうと手に取るようにわかる。事前に気配が分かるのである。だから、われわれは、普段からいつも未来の紋付を着て生活することが大事だと太志は考えた。

未来を「着る」ことは、未然を「生《き》る」ことであり、それは太志において既成の観念や思いこみを「斬る」ことと同義語であった。過去に属する思いこみやこだわりや視覚の情報をさらりと捨て、まったく無心に還ることといってもよい。

宮本武蔵の言葉を借りれば「見《けん》の目」を「斬る」ことを通じて、未然を「生《き》る」そして「未来を着る」のである。

日本書紀によると、聖徳太子は「未然を知ろしめす」能力を持っていたとされるが、われわれも太子と同様に未然を知り、未然を生きて日々の問題に対処することを太志命は教えたのである。

聖徳太子は、八角形の夢殿で天井から吊り下げられた十二個の鈴のついた鈴紐を振りながら瞑想を続け、未然を知る力を得たといわれる。自我を去り、こだわらない無心の境地に達したのであろう。

第三章

戦後の徹底した洗脳工作の渦の中「霊《ひ》の元の道」への模索は続く

「稜威《みいづ》八方鎮剣」タケミカヅチ「祓い太刀」の復活！

鹿島神宮での厳しい修行を終えた後も、小泉の探求は続いた。フツノミタマの剣をお祀りしている石上神宮でも参籠し、拝殿で神剣を振りつづけた。

フツノミタマの剣の道は、別名「鹿島神流」とも呼ばれる。それは、タケミカヅチの「祓い太刀」を受け継いで戦国時代に体系化され、昭和に至って第十八代師範、国井善弥《ぜんや》が、念流や新陰流を習得して再構成したものといわれる。その奥義は「初めにして体を調え、中にして心気人倫を養い、極めては宇宙創元の理を悟るにある」とされる。

小泉はその国井とも鹿島神宮の道場でよく汗を流していた。昭和十五年八月には、東京で開催された「古式各流型大会」で鹿島神流を加藤元三、国井善弥とともに披露したことがある。

しかし、その後は、伝統武道の伝授に傾斜する国井とは次第に離れ、タケミカヅチの本来の「祓い太刀」を復活させようと独自の道を歩むようになる。剣祓いにより、邪気、邪霊を祓うとともに、それらも生かし導く新たな道を開拓しようとしたのである。

そしてついに昭和十五年、皇紀二千六百年の記念すべき年の春に、小泉は、自分の進み行く剣祓いの道を確立し、「稜威《みいづ》八方鎮剣」として武道界に発表することになる。その中で、彼はこう宣言している。

「およそ武道を修めんと欲するものは、すべからく文を究《きわ》め理を悟りてのち、武運の本義、妙諦を体得せざるべからず、ここにおいて一剣萬生の精神顕《あらわ》る」

剣は万人、万物、万霊を生かすためのものでなければならないが、それに先立って天地の文《あや》を究め神理《みち》を悟っておくことが不可欠と断じたのであった。それを悟って武の真義を体得すれば、すべてを活かす「萬生」の剣となるのである。

「稜威《みいづ》八方鎮剣」を公表してしばらくすると、一通の手紙が届いた。差出人は、「天関打開期成会理事長、満井佐吉《みついさきち》」とある。

開封してみると、「世田谷区に武道場を持っているので思う存分に使っていただきたい」

という申し出であった。

意外な支援の申し出に小泉青年は驚いた。タケミカヅチ大神の霊験が早速現れたのかとうれしくなった。「必要なものは必要な時に必要なだけ与えられる」というのは本当だなと実感した。

満井佐吉（明治二十六～昭和四十二）は福岡県の出身。

陸軍歩兵中佐時代には、天皇親政の下で国家の改造を行おうとした情熱的な皇道派に属していたが、昭和十一年の二・二六反乱事件に関与したとして禁固三年の判決を受け、陸軍を免官となった。

満井佐吉

出獄後の昭和十五年、国難に対処するため天関打開期成会を結成し、神国日本が混乱する世界を立て直すべく総力を結集しようと呼びかけた。大戦中の昭和十七年の翼賛選挙で衆議院議員に立候補し当選。戦後は公職追放となるが、この当時は、弁のたつ皇道派の熱血漢として知られていた。

どうやら満井は、西園寺公の霊的庇護の依頼をどこかで耳にしたらしい。小泉青年が御《み》剣《つるぎ》による祓いを集中的に行えるよう場所を提供したいというのである。

こうして小泉青年は、満井の武道場において、朝に晩に御剣を振るうことになった。道場は「天関打開神武参剣道場」と名付けられた。やがて、満井自身も祓いの神法を習い、ともに汗を流すこととなる。

この頃、軍部は陸軍大臣を現役武官から選ぶことに固執してたびたび内閣を倒閣に追い込み、民政党、政友会などの政党も内部分裂と離合集散が甚だしく国民の信頼を失っていた。対外的にも、昭和十三年一月に、近衛内閣は日中和平交渉を打ち切り、支那事変が拡大、さらにソ満国境で紛争が勃発した。そして、この年四月に国家総動員法が公布され、戦時体制に突入することになる。

天関打開期成会が結成された昭和十五年は、ドイツがベルギー、オランダ、フランスを降伏させるなど破竹の進撃を展開。日本政府は欧州戦線への不介入を宣言したが、同年九月に締結した日独伊軍事同盟は、米国を非常に刺激し、日米通商条約は風前の灯となった。中国大陸においても、日貨排斥など反日感情が燃え上がり、道教寺院では天皇を呪詛する祭典が日々行われていた。

内外の対立と緊張が高まるなか、昭和十五年十一月二十四日、元老として隠然たる影響力を持っていた西園寺公は持病の悪化により死去した。日本の前途を案じながらの帰幽であった。

対英米協調を主張していた西園寺公は日独伊軍事同盟を締結した近衛内閣に失望し、中国大陸への軍事進出を扇動していた朝日新聞はじめ各紙の論調にもあきれ果てていた。西園寺公は、死ぬ間際にこう語ったと伝えられる。

「内閣も軍部も新聞も、一体この国をどこへもっていくのやら。結局、日本人の民度がまだまだ低いということか」

国内の分裂と対立に危機感を抱いた満井佐吉は、昭和十七年に『底力論』、翌年に『勝ち抜くおたけび』という著書を出版しているが、それは大東亜戦争の目的を完遂するには、一億の国民があげて神に帰り、天津日嗣の皇統を中心にして一致団結し、持てる底力を発揮しなければならないと強調したものであった。

日本人は神々の子孫でありながら、それを忘れ物質主義に陥り、私利私欲におぼれている、ユダヤ金融資本の世界支配計画を打破し、天関打開の世界維新を興すために神に帰一し、神人たる自覚をもって団結せよと訴えていた。

その一環として彼が提唱したのが、一億の国民が「布都《ふつ》の御剣を奉じる」という国民運動であった。それは、米英の反攻が本格的になり、本土空襲の拠点となるサイパン島、グアム島などに上陸しようとしていた時期であった。軍部は、絶対国防圏を死守して本土を守ろうと必死の構えであった。

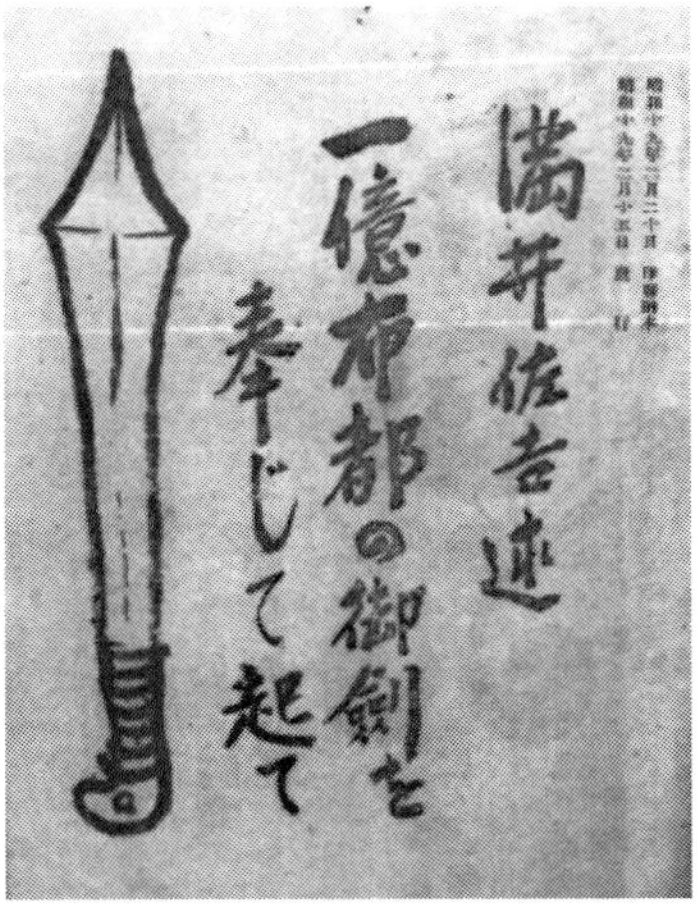

『一億布都の御剣を奉じて起て』

翼賛選挙により衆議院議員となった満井は、昭和十九年二月に発行した『一億布都の御剣を奉じて起て』と題する小冊子のなかで、次のように主張している。

「英米の反攻を決定的に叩きのめし、彼らをして真に日本の威力の前に屈服させるため、吾らは今真に神明の加護を祈り、神力のご発動を希《ねが》ひ奉らなければならない。……異常の国難打開のため、ことに米英討滅のため、最前線の軍将兵はもとより、銃後の一億すみやかに布都の御魂の霊剣を奉ずべし」

満井は、霊的国防を説いた神道天行居の友清歓真《ともきよよしさね》に共鳴し、山口の岩城山にある天行居の道場で天関打開期成会の同志とともに参籠したことがあった。物量に劣る日本が勝利を収めるには、国民が霊的な力に目覚め、一致団結して、御剣による霊的国防に取り組まねばならないと情熱的に訴えた。

小泉も満井の紹介で友清に会い、記念に両刃《もろは》の短剣を授与されたことがある。この霊剣を使えるのは、小泉先生しかいないといって手渡されたという。その刀身一尺の短剣は、いま道場の祭壇の中央にフツノミタマの霊剣の形代として安置されている。

満井の口述したこの小冊子の中では、国民が参加しやすいよう、真剣でなく手刀による霊剣の振り方を紹介し、降神、修祓の修斎の仕方についても、ある程度説明しているが、詳細は「満井と小泉剣士から指導を受くべし」と勧誘している。

どうやら満井佐吉は、やはり福岡出身の思いこみの激しい熱血漢であったようだ。こうと思いこむと脇目もふらず突進し、煽情本を書き連ね、仲間を集めて先頭に立つのが好きな性格であった。

二・二六反乱事件の扇動しかり、翼賛選挙における衆議院議員の立候補もしかり、大衆向けの霊剣奉斎の宣伝もしかり、時流を読み、時流に乗り、目立つことが巧みな人物であった。

だが、小泉太志にしてみれば、真剣による霊剣奉斎は自分一人でやるほかない孤独な作業であって、一億の烏合の衆が手刀で大勢参加してもほとんど意味のないことであった。

小泉は、よく自らを「上ご一人、下ただ一人の人」と言っていた。「陛下はただひとり、それに仕える衛士も吾ひとり」なのである。吾一人で十分なのである。

下手に修行を積んでいない国民が霊剣奉斎のまねをすると、かえって多大な復讐を受けかねない。満井が小泉から聞きかじったことを小冊子にまとめて出版するのは必ずしも本意ではなかったと思われる。

結局のところ、天関打開期成会会長の満井の呼びかけた奉剣運動は、一年半後に敗戦とともに雲散霧消してしまった。なんとかして本土決戦の国難を打開したいと始めた熱狂的な呼びかけは、生活苦が広がるなかでほとんど支持者が増えず、敗戦後価値観が百八十度変わるとたちまち忘れ去られていった。

霊的防護の決意（戦後に仕掛けられた思想戦に絶対負けてはならない）

昭和二十年八月十五日、終戦の詔勅は三十七歳の小泉太志にとっても青天の霹靂《へきれき》であった。脳天を後ろからいきなり木刀で殴られたような衝撃であった。

小泉は親しい政界関係者からの情報で敗北はまぬかれないとうすうす感じてはいたが、まさかこういう無条件降伏に近い形で終戦を迎えようとは予想していなかった。

西園寺公と中川総長の依頼を受けて昭和十二年四月から始めた神業は全く役に立たなかったのか、早朝から深夜までフツノミタマの剣を振って天皇と日本にかかる災いを祓いのけようとした自分の努力はすべて無駄だったのかと一時は深く落ち込んだ。

降伏のあと、将兵らは敗戦の責任を取ってつぎつぎ割腹自殺していた。陸軍大臣の阿南《あなみ》惟幾《これちか》大将、特攻隊を組織した大西滝治郎海軍中将をはじめ、五百二十人余の将兵が自決の道を選んだ。民間でも大東塾の塾生十四人が代々木練兵場で集団自決し、尊攘義軍の十四人の烈女が愛宕山で自裁し、祖国再建の人柱として旅立っていった。

小泉は、戦争末期に遠藤三郎陸軍中将（航空兵器総局長官）や大西滝治郎海軍中将の私的顧問として作戦の相談にあずかったことがあったから、一時は自分も割腹すべきかと悩んだが、踏みとどまった。振り返ってみれば、西園寺公から軍人でない自分に与えられた任務は天皇を邪気、邪霊から守護することであった。

道教寺院での天皇呪詛をはねのけ、欧米でひそかに行われていた黒魔術の反日祭祀を無効にすることが重要な任務のひとつであった。累代の天皇家にかかる悪因縁を浄め、支那大陸における日本軍人や商人たちの強欲、傲慢といった邪気の群れを祓うことも目的であった。

ところが敗戦後の今、中心の御柱と仰いだ天津日嗣の天皇陛下は占領軍の厳重な監視下に置かれ、ソ連や中国の代表は天皇の処罰を要求している。巷《ちまた》でも天皇の戦争責任と食糧不足の責任を追及しようとする左翼勢力が日増しに幅を利かせている。戦争犯罪を裁こうとする東京裁判も始まった。

もしも陛下が占領軍の手で絞首刑にかけられるようなことになれば、三千年以上の命脈を保ってきた日本の高貴な伝統と文化は瓦解してしまうことになる。その精神的打撃は、未来永劫にわたって深刻な後遺症を遺すことになろう。

さらにまた、帝国憲法を廃止し、米国風の新憲法を制定しようとする米国の意向も明らかになってきた。米国の物質主義的、個人主義的な価値観が浸透していけば、天津日嗣の皇統を中心として神々や祖霊、自然霊に敬意を払うという日本文化の神髄は破壊されてしまうにちがいない。


自由や民主といった抽象理念による思考が幅を利かせると、お日さん、お月さんやお土の生きた響きを体感する感性は衰えていくことは明らかである。

日月星や土、風、水、火は、見る人の意識によってその能《はたら》きを変える不思議な存在なのであるが、それらを単なる物質にすぎないとみる欧米の近代思想が普及すれば、宇宙や日月や自然界と感応する力が失われ、その豊かな恵みを十分に受けとることもできなくなるであろう。

その意味で戦中よりも戦後のほうが危ないのである。熱戦よりも思想戦のほうがはるかに危険なのである。欧米から仕掛けられた降伏後の文化侵略戦争こそ、絶対に負けてはならないのだ。

勝敗は時の運にすぎない。大東亜戦争は運気に見放され、ミッドウェイの海戦で索敵が三十分遅れたことが致命傷となった。ミッドウェイで勝って米空母部隊を壊滅させていたなら、早めに停戦と和議に持ち込むことができたであろう。真珠湾攻撃をせず、万里の長城以南の固有支那から撤兵し、南方攻略に専念していたなら、勝てるチャンスはあった。大東亜戦争は、決して世に言われるほど「無謀な戦争」ではなかったのだ。

つらつら思うに、わが国は大東亜戦争で一度は負けたとしても、精神まで敗北してはならない。絶対に欧米の思想的植民地になってはならないのだ。まして、日教組などが掲げる唯物主義の共産思想に呑み込まれてはならない。

天皇と日本の道統を霊的に護るという自分の役目は、敗戦後にこそますます重大な意義をもっているのだと考え直し、太志は霊的防護の決意を新たにした。

考えてみれば、天皇は悠久の日本の伝統と文化を背負われ、御身ご自身に「体現」されているお方であって、単なる国民統合の「象徴」ではないはずだ。日本国民は、決して「象徴」という法令用語には心を動かされないし、危難に際しそういう抽象語によって一致団結することもない。抽象思考の得意なアングロサクソンは、自由や民主、愛国という標語のもとに一致団結することができたとしても、わが国民の大部分はそうではない。

生きた生身の陛下の存在そのものが、悠久の民族の生命を眼の前に現前させ、体験させ、国民の活力を心底から威《い》ぶるい起こすのである。陛下は物言わずとも、ただそこにましますだけで、国民は苦難に耐えて働き、国難に際し総力を結集させるのである。

もしも陛下が処刑され、共和制が採用されるなら、日本人は国運向上と社会発展のため力を合わせることはしなくなるだろう。自己保身と利益追求に汲々とし、社会の腐敗と対立が増大していくにちがいない。

その生身の天皇《すめらみこと》の霊性をもろもろの攻撃から護ることはとりもなおさず、いま危殆に瀕している日本民族の崇高な伝統と文化を擁護することにほかならない。

いやそれだけではない。天津霊嗣《ひつぎ》の天皇は、地球と世界の最高の霊性を太古から受け継いでこられている存在だから、天皇とその道統をお護りすることは世界を霊的崩壊から救うことにもなるのだ——。ケルトやマヤ、インカの道統が途絶えてしまった今、太古の霊性を受け継いでいるのは、天津霊嗣のスメラミコトしかおられない。

太古からつづくニニギの命の「神人不二」の霊統を保持するためにも、生身の裕仁陛下をここでお護りしなければならないのだ——。

小泉は、ますます自分の役目に確信を深めていった。そして、もうひとつ敗戦後に自分が務めなければならない重要な役割があることにも気がついた。

それは、昭和二十年の末のこと、靖国神社の神官横井時常（のちに近江神宮宮司）が弱り切った表情で小泉を訪ねてきて懇願した。

「靖国神社でいざ祭典を始めようとしますと、神前の貢ぎ物の三宝が飛ばされ、どうにも進行できず恐ろしうございます。なんとかお鎮め願いとう存じます」

早速、太志は靖国神社に出かけ、宮司以下が居並ぶ神前にて大音声で奏上した。

「神武参剣王ただいま参進、これこの靖国の御霊、このたびのみ働き誠にご苦労であった」とねぎらいの言葉を添え、諄々と諭《さと》して言った。

「戦争に負けたものの、そなたたちの働きは、決して犬死ではない。そなたたちのおかげで、アジア諸国は独立の機運が高まり、欧米の植民地支配は終わろうとしている。一介の路傍の石として名もなく世を終えるに等しいものたちも、御国のために捧げた命は未来永劫カミとして祀られ、天皇陛下直々に拝まれるのだ。

この小泉太志は終戦を迎えたといえど、内地にあっても親の死に目にも立ち会えぬありさまだ。陛下とともに新日本建設のために日夜身魂を注いでいるからだ。そして陛下に新日本建設が成るまでは引退を許さぬという厳しい国士もいるのだ。だから安心して新しい日本を見守

靖国神社の拝殿

ってくれ」

こう小泉が気合を込めて諭して以来、敗戦を憤っていた荒ぶる靖国神社の英霊たちは鎮まった。そして、現在では何事もなかったかのように静かに祭礼が行われている。

小泉太志は、大祓い祝詞にあるように「荒ぶる神々を神問わしに問わしたまい、神祓いに祓いたもう」たのである。が、その「荒ぶる神々」は、靖国ばかりでなく、全国の津々浦々にも潜んでいることを彼は知っていた。

それは、大東亜戦争の犠牲者だけでなく、三千年の昔からの各地の戦争の敗者たちの声でもあった。それらの「荒ぶる御霊」を鎮めない限り、新日本の建設は完成しないといってもよい。

こうして終戦後世の中が落ち着いてから、太志は全国の主な戦跡を回り、祓い浄めを行う神業を始めることとなる。北は蝦夷の反乱の地から南は隼人の蜂起の地まで、彼が足を踏み入れたところは修祓され、暗かった土地は明るくなり、次第に賑《にぎ》わいを取りもどしていった。

巧妙な洗脳工作、米国のための「平和」憲法に日本人はこのまま沈んではならない！

鋭い感性をお持ちであった裕仁陛下は、舶来の思想や流行に飛びつく移り気な国民性を心配して、降伏直後の昭和二十年十月、「松上雪《しょうじょうせつ》」と題する御製を新聞に発表されていた。

ふりつもるみ雪にたへて　色かへぬ
松ぞ雄々しき　人もかくあれ

昭和天皇

これは、宮殿の松の間に近い吹上御苑の一角に立っている赤松の古木をご覧になってお詠みになったものであった。これからの長い復興の過程において幾多の苦難に直面するだろうけれども、それにめげず、くじけず、厳しい冬の時節にも変わらぬ緑を保っている松の木のように雄々しく生き抜いていこうと国民を鼓舞された和歌であった。

しかしながら、占領軍の工作は極めて巧妙であった。日本が二度と欧米に反抗しないようその心理と精神を改造しなければならないと周到な計画を立てた。戦争の協力者や保守思想家たちを公職や教育界から追放し、さらに国論を分裂させるため、共産主義者と日教組の活動をひそかに支援し、占領政策を批判する新聞には発行停止の脅しをかけた。

思いかえせば、わが国は武力闘争に完敗したといえども、日本の犠牲的献身によってベトナム、インドネシア、マレーシア、ビルマ（現ミャンマー）、インドなどは次々に独立を達成しようとしていた。欧米の植民地を解放するという大東亜戦争の素晴らしい戦略目標は、敗戦後に実現されたのであったし、それは世界史に残る快挙でもあった。

だが、占領軍は、大義名分のある「大東亜戦争」という呼称を禁止し、「太平洋戦争」という無内容な呼び名に変えさせた。さらに巧妙にも戦争贖罪宣伝計画（ＷＧＩＰ）をたて、日本人は侵略戦争に加担した非道徳な国民だという宣伝を大々的に拡散し、日本国民から誇りと自信を奪おうとした。

戦前に大陸進出を扇動していた朝日新聞など各紙も生き残るため宗旨を変え、この戦争贖罪宣伝計画に便乗し、社会主義者や日教組などの運動を大きく報じ、のちに慰安婦問題、南京虐殺事件など嘘と偏見から構成された自虐的な報道を繰り返し宣伝することとなる。わが国の大衆新聞は、昔も今も変わらず、時流に便乗して部数を増やすことを得意としている。

米国が広島、長崎に行った原爆攻撃や諸都市の焼夷弾爆撃は、非戦闘員に対する虐殺であり、重大な「人道に対する犯罪」に他ならなかったが、東京裁判ではまったく審議されなかった。戦勝国が事後法で裁いた東京裁判は、復讐のためのものであり、国際正義を回復するためのものではなかったことは現在明らかになっている。

逆に米国は自らの虐殺行為を正当化するため、日本人は残酷で悪辣な民族であるというプロパガンダを世界に広めただけでなく、日本人自身をも洗脳しようとしたのであった。そのために周到な心理作戦計画を立てたのである。

なかでも、最も洗脳効果を発揮したのは、昭和二十二年五月に施行された新憲法であった。米国は、日本が米国の覇権に対し二度と歯向かわないよう日本の戦力を奪う憲法を押し付けることに成功した。それは、平和憲法と呼ばれているが、実は「米国にとっての平和」（パックス・アメリカーナ）を保障する平和憲法であった。

日本を米国に従順な奴隷の立場においておけば、ご主人様である米国は安泰でいられる。しかも奴隷は、ご主人様にその日の食い扶持だけ与えられ「安全と生存」だけ保障してもらえるから、なんの憂いもなく安楽に平和に暮らしていけるという「平和憲法」であった。そして、日本が米国神話の「自由と民主」という人間中心の世俗的価値観に異議を申し立て、その物質主義、個人主義を超える思想体系を築いて、世界に訴えようとすることは許そうとしなかった。世界における日本独自の使命を再構築し、それを発信することを新憲法は認めなかったのである。

戦前のわが国は、君と民が和の社会の実現に向けて協力し合う「君民共治」の理念を掲げ、人種平等と資源開発の機会の平等を欧米に訴え、祖霊と民族の神々を尊重する文化に生きていたが、こうした日本の主張はことごとく無視された（フランスの思想家ルソーも、君民共治の国を理想としていたが、個人主義的な欧州には見当たらないのでやむを得ず民主制を選んだと『社会契約論』で述べている。しかし、極東の島国に理想に近い国があったのである)。

歴史の浅い米国は、あくまでもその個人主義的で現世的な価値体系――自由の権利、民主主義の手続きという西洋論理の枠内で行動せよ、そして日本が世界に向かって固有の価値観を主張することを許さず、ただ「安全に生存」するだけでよいと縛りをかけていた。

占領軍憲法の前文は、人種平等や東亜の植民地解放などを訴えた戦前の日本の活動をすべて無視してこう書かれている。

「日本国民は、……平和を愛する諸国民の公正と信義に信頼して、われらの安全と生存を保持しようと決意した。われらは、平和を維持し、専制と隷従、圧迫と偏狭を地上から永遠に除去しようと努めてゐる国際社会において、名誉ある地位を占めたいと思ふ」

この前文は、日本以外はみな「平和を愛する諸国民」であり、「専制と隷従、圧迫と偏狭を除去しようとしている」という前提に立っていた。だが、ちょうど三年後にこの前提は完全な間違いであったことが明らかになる。

昭和二十五年六月、朝鮮戦争が勃発、中国、ソ連も米国に敵対し、「平和を愛する諸国民」ではないことが明白となった。その後につづくソ連や中国の共産党の残酷な統治は、国民に「専制と隷従」を強制したことも、やがて世界に公開されることになる。

洗脳工作に便乗し、阿諛追従《あゆついしょう》する学者たちのあまりにひどい変節ぶり

新憲法の前文は、敗者日本に書かせた喧嘩の詫び状にすぎず、自衛のために立ち上がったわが国として到底受け入れることのできないものであったが、占領軍の強大な権力のまえには膝を屈するほかなかった。悠久の歴史と貴重な文化を体現される天皇陛下を無傷でお護りできたことで満足するほかなかった。

ところが残念なことに、この米国本位の洗脳工作に便乗し、阿諛追従《あゆついしょう》したのが日本の憲法学者たちであった。中でも東大教授宮沢俊義の変節ぶりは際立っていた。

宮沢は、昭和十七年に発行した『憲法略説』で、「大日本帝国は万世一系の天皇永遠にこれを統治し給ふ。……これわが国家における固有かつ不変な統治体制原理とする」と明

記していた。

ところが、戦後の憲法解説書では、国民主権や人権は天賦のものであって、独自の発展の歴史を持つわが国にも適応しうる「人類普遍の理論」と歓迎したのである。

「国民主権」や「人権」は、社会の内部対立を前提とする西洋の近代政治理論から借りてきたものだったが、その統治理論を産み出した特殊な歴史的、社会的背景を十分分析せず、独自の家族《いえ》社会を構成する日本にもそのまま適用できると無批判に受け入れたのであった。

功利的な個人主義の洗礼を受けたことのない日本人、事なかれ主義と付和雷同の傾向の強い日本人にも適用できると飛びついたのであった。年功序列とメンツを重んじる国民性にも当てはまると誤解したのであった。

宮沢俊義

その変節を憲法ゼミの学生から追及された宮沢は、「いや、こうしないと失職するからね」と正直に答えている。戦前の見解に固執していると、東大教授という公職から追放されるのは確実であった。
宮沢の無批判の受容は、その後弟子の憲法学者たちに引き継がれていき、彼らから憲法を習った学生たちをつぎつぎ洗脳し社会に送り出していったのである。大学の法学講座は基本的に家元制度の上に成り立っているから、師匠の意見に異議を唱えない忠実な弟子が講座を引き継いだのであった。

こうして日本の憲法学説は、条文の字面を追うだけの皮相的なものに劣化し、根本的な国家論や戦略論、民族の生命体系論を踏まえた有機的な憲法解釈や憲法改正案は遠ざけられていったのである。

本来ならば、憲法学者たちが率先して改正案を考え、世に訴えるべきであったが、占領軍と左翼に便乗した学者たちは、表面的な条文解釈のみに専念して良しとする「知的怠慢」の世界に安住していたのである。

さらにそれに加え、戦前に武士道教育や高度国防体制を主張していた識者たちも、敗戦後になると急に手のひらを返したように絶対平和論に心酔したり、日教組の御用達に転向して人権教育を強調したりしていた。そのほうがたやすく生活の糧となったからである。

彼らは、マスメディアに「進歩的文化人」とはやされて得意になっていた。「進歩的でなければ知識人にあらず、左翼でなければ学者にあらず」といわれていた時代であった。

しかし、こうした学者や知識人たちの変節は、昭和天皇の最も警戒されていたことであった。天皇は、敗戦の三年後、昭和二十三年の歌会始めに再び松の木の御製を詠まれて、注意を呼びかけようとされた。

冬枯れの　寂しき庭の　松ひと木
色かへぬをぞ　かがみとはせむ

このころの天皇のご心境はまさに「冬枯れの寂しき庭」であった。頼りになるのは、冬の厳しさに耐えてひとり緑を残している松の古木のみであった。

だが、天皇のご希望にもかかわらず、その意向は、学界、知識界や報道界には届かなかった。時流に乗って、格好良く生き延びることが彼らの最大の関心事であったのだ。「晩節を汚す」という言葉は、ほとんど死語になっていた。

しかし、幸いなことに、大方の民衆は、個人の自由権や国民主権を強調した成文憲法とは別の世界に生きていた。彼らは、学者や報道記者たちのように新憲法の時流を追わなくてもしっかり大地に根をはって生きていけたのである。

民衆は、食糧難の時代に隣近所で食物を分け合い、戦争の被災者たちを助け合い、窮屈ながらも狭い町や村で譲り合いながら生活していた。日と月と土に感謝し、戦死者と祖霊を祀り、神々の助力を頼みながら懸命に生きていた。

誠意ある言動や真面目な仕事ぶりは、評価されなくてもお天道さまがご覧になっていると信じていた。受けた恩は忘れず、必ずお返しをするという共同体の恩義の世界に住み、恩を施しても見返りを請求しないという伝統的な不文律に従っていた。

民衆は、祖先から受け継いだ書かれざる掟の世界、いわば不文憲法の世界に住んでいた。亡くなった祖先の権利——良い伝統を尊重して引き継いでもらいたいと願う死者の権利を大事にしていたのである。

八戸で育った小泉太志は、都会に住む学者、知識人たちの世界と村々に住む民衆の世界の違いを肌身に感じていた。くるくると言説を変え、自己を正当化することに巧みな「進歩的文化人」たちに彼は愛想をつかしていた。戦争が終わった今、もう一度故郷に帰り、懐かしい町の人たちの土に根差した生きざまに学んでみようと思った。

その中から、新しい日本を導く指導原理のようなものが発掘できるのではないかと考えた。特殊な欧米の近代理念を反映した抽象的な成文憲法は民衆の行動原理にはなりえない、むしろ書かれていない伝統的な不文憲法から、次の時代を切り開く原理が生まれてくるのではないかと期待していた。すめらの「霊《ひ》の元の道」は、その中に隠れているはずだ——。

戦前に煽情的な本を多数出版した満井佐吉は、公職追放になり、手元不如意の状況であったから、いつまでも彼のところに居候するわけにもいかなかった。

軽薄な風潮に流されていく食糧難の東京を見るにつけ、都を離れて故郷に帰り、剣道を教えながら、陛下を守護する役目を人知れず果たしていこうという思いが募《つの》ってきた。すめらみことの「霊《ひ》の元の道」をもう一度懐かしい故郷、八戸で確認してみようと思った。

それは、日月の恵みに感謝しながら土に生き、泥にまみれて生活している民衆の間に息づいているはずと思われた。

太志命の剣は、剣先から二、三尺の霊気を放つ

六年ぶりに帰った八戸は、昔日の面影は消えていた。

昭和二十年七月にグラマン戦闘機の攻撃を受け、郊外の軍需工場や陸軍飛行場、港湾、鉄道はほとんど破壊されていた。幸い、中心市街だけは壊滅的な被害はまぬかれ、あの櫛引八幡宮も隣の楠公廟も無傷ではなかったが、ほぼ昔のままの威風を保っていた。

剣道の教え子たちは何人か戦死していたが、疎開して生き延びた人々は皆温かく迎えてくれた。小泉太志は、教え子だった仲間を集めて一緒に剣道の修練を再開した。

剣道を教えることはマッカーサー指令によって禁止されていたが、神社への奉納ということで説明することができた。神道指令によって宗教法人となった神社は、内務省の管理を離れ、自由に宗教活動をして良いことになったのである。

楠公廟の前の敷地で朝晩木刀を振るい、休日にはピラミッドのような形の名久井岳に登りご来光を拝みながら剣を振ったり、十和田湖まで遠征して湖に棲むという龍神に剣祓い

を奉納したりした。八戸の濃厚な土の匂いをかぎ、輝かしいご来光を浴び、静かな湖水に映る月影の響きを聴く日々が始まった。

剣道の弟子たちには、江戸時代の剣術家の教えを伝えた。夢想剣を極めた小野忠明の極意、「遠山の目付け」を教えるときは、戸来《へらい》から名久井《なくい》まで連なる山々を遠望させ、その目付けで相手に向かえと指導した。新陰流の針ヶ谷夕雲の「相抜け」は型稽古で示し、勝ちを求める心を捨てよと教えた。念阿弥慈恩の念流の極意「過去の術」は、「未来の剣道着を着よ」と言って眼にもとまらぬ素早い剣で攻め立てた。「未来の剣道着」を着させるすべはそれ以外になかった。

修練の合間には、剣道の教え子たちに東京での体験などを話した。剣にまつわる失敗談を聞かせたこともある。かつて有望な剣士を三人も不幸にしたことが、彼の胸に引っかかっていたのである。

戦前、日本一を自負するある天才剣士が東京にいたが、無段無名の小泉と立ち会ったとき、小泉の一振りに竹刀を持つ手がしびれて勝負にならなかったという。その剣士は悲観してこの世を去ってしまった。ある血気盛りの青年剣士二人も簡単に小泉に負けてしまい、自信を失って落胆した。その二人は、将来を嘱望されていたのに、とうとう剣道を断念してしまった。

今になって思えば、出だしは手加減し、少し負けておいてから最後に勝負を決めればよかったものを、若気のいたりで最初から力を出してしまったのであった。

八戸時代の太志

しかし、手加減しようとしてもそれは始めから無理だったかもしれない。

八段が二段と対戦するとき、二段の力量に制限しようとしてもできないのである。肩の力を抜いて自然体で応戦しても、やはり八段の剣が伸びてしまうのである。

わざと相手に打たせると、かえって手を抜いたと見破られ、相手は侮辱と受け取りかねない。相手を侮辱するのは、正しい剣の道ではないだろう。剣先から二、三尺の霊気を放つ太志の剣は、どう手を抜いても太志の剣なのであった。

夜間一人になったときは、古今の読書に沈潜した。

特にこの時期に研究したのは、八戸の偉人、安藤昌益《しょうえき》であった。八戸で町医者を開業した昌益は、江戸中期の大飢饉と民衆の疲弊をみて憤り、身分差のない平等な社会を実現しようと呼びかけた。すべてのものが身分の分けへだてなく土を耕し、額に汗して働く「自然《じねん》の世」を回復しようと提唱した。

その主著『自然真営道《しぜんしんえいどう》』は、京都大学の狩野亨吉《かのうこうきち》が明治に発見していたが、戦前は社会主義思想として歓迎されず、広く世に出てきたのは昭和二十五年、ハーバート・ノーマンが『忘れられた思想家——安藤昌益のこと』(岩波新書)を出版してからである。

昌益を読んでみて、その平等思想は、欧米のそれと全く異なることに小泉は気がついた。それは基本的人権という世俗的な個人主義に立脚したものではなく、もっと根本的な生命の躍動——「活真の気」と昌益が呼んだものを回復するためのものだったのだ。

安藤昌益が観察した幕藩体制のもとでは、耕さないお上が下の民の産物を貪り、このため下は上を激しくうらやみ憎んでいる、こうして、上の邪欲と下の怨恨という邪気が毛穴から抜け、吐息から発し、人間本来の「活真の気」を汚し、世の中全体に「不正の気」が横行している。

飢饉も戦争も、このような集合的な邪気がもたらしたものであると断じたのであった。邪気のわだかまりが人の健康を阻害しているばかりか、異常気象や内乱までも引き起こしていると医師らしい観察を下していたのである。

小泉は、昌益の鋭い観察に驚いた。まさに自分の考えを代弁してくれていると百年前の知己を得た思いでうれしくなった。

また、川面先生も、権力と金力の集中が社会全体に邪欲と怨恨の邪気を増幅していると説いておられたことを思い出した。

自由放任の資本主義に立っていた戦前の日本は、船成金や株成金が跋扈《ばっこ》して庶民の恨みを買い、権力を求めて軍部の内部抗争や政党の離合集散が続き、社会全体に不満の気が充満していたのである。

他方、官僚専制と秘密警察に依拠する共産主義社会は、別の悪平等と不公平を招き入れ、これもまた邪欲と怨恨を増幅すると川面先生は批判していたのであった。それは『社会組織の根本原理』という川面先生の本に詳しく説明されていた。

やはり、日本は欧米をまねた表面的、制度的な「平等と自由」に満足してはならない。それを超えて各人が内外に充満する邪気、邪霊を祓い浄め、活き活きした生命本来の「活真の気」を回復するとともに、さらに世の中全体にこれを満たしていくことを目標としなければならない。

そうすれば、世の中は気品と香気の波動に包まれた「自然《じねん》の世」になるであろう、と太志は思った。日本民族は、本来そうした気高い目標に向かって進んできたのであって、制度的な個々人の「自由と平等」に満足するようなものではないと彼は確信していた。

だが、周りを見わたすと、急速に変貌する戦後日本は、政治の混乱と風紀の紊乱《びんらん》がうちつづき、「活真の気」どころか、すっかり邪気に汚されてしまっていた。そして、無念なことに、都会ばかりでなく、久方ぶりに帰郷した八戸の天と地も汚されていたのだ。

小泉太志は、この頃『八戸いはれ』と題する巻紙をしたため、東北の要衝八戸の来歴を紹介している。そのなかに次の歌がある。大東亜戦争の敗北の後、心身共に荒廃してしまった日本を見て、これを立て直そうという決意を秘めた歌であった。

故郷《ふるさと》の　天地《あめつち》汚れ　清祓ふ
八の戸開く　御代の春寿ぐ
白龍の　姫の正道　ひと筋に　貫き給へし　君が微笑み
吹上の　神の鎮めの　元つ宮　八柱《やはしら》神の　八の戸開く

敗戦後の生活難のなか故郷の雰囲気は沈滞していたが、幸い、白龍明神に仕える霊媒の「白龍さん」はお元気で昔の道統をしっかり守っておられた。この伝統を再興させれば、御代の春が芽吹いてくるにちがいない。

白龍さん（清川トメ）は、八戸の吹上にある白龍神社で白龍会という信徒団体を組織していた。昭和九年にニニギ大神の託宣を降ろし、小泉青年の重大な使命を告げたのもこの白龍さんであった。

女性は、白龍さんのように神々の伝言を聞き取る能力を磨くことが望ましいが、活動的な男性にはあまり期待できない。

とすると、男子は日本を根本から再度立て直すため、古来の剣の道に戻り、神々の指導を受けつつ世のため人のために尽くすという実践的な皇道精神を復興するほかない、それは八戸の忠勤の気風から出発する以外にないであろうと思われた。それが、安藤昌益のいう「活真の気」を回復する近道のはずである。

南部地方には、一の戸から九《く》の戸までそろっているが、八の戸を開くこと、八柱神の八の戸を開くことが日本新生の鍵を握っていると彼は考えた。のちに太志命は「八八《やや》を開きて九九十十《こことと》のふ十十のふ九九八八を開きて」の道を提唱するに至るが、それは太志命を育ててくれた八戸への熱い思いと無関係ではなさそうである。そしてそれは、碧緑に沈む神秘な十和田湖にも関連するにちがいない。それぞれの戸は十和田湖の十《と》につながっていくのである。

道教寺院、フリーメーソンなどからの強力な呪詛に対抗するには「真剣」しかない（修斎と奉剣）

激しい剣道の稽古は、静かな静座によって充実したものになる。動のあとの静、静のあとの動、この二つが備わらなければ剣の道は大成しないことを太志命は自覚していた。魂殖《ふ》りと魂鎮めは、互いに欠かすことのできない一対のものなのである。

そうした基本的な気構えをたたき込もうと、八戸で剣道の稽古をする前後には必ず修斎の法を実施した。それは、フツノミタマの大神を祀る神床に向かって正座し、深呼吸をしたのちあるコトタマを奉唱し、最後に無念無想となる訓練であった。

これは、東京にいたころ小泉が満井佐吉に教えたやり方であったが、今日においても応用できると思われるので、ご参考までにまとめておくことにしたい。これは満井の出版した『一億布都の御剣を奉じて起て』に記載されている修斎の法である。

まず、二拝二拍手した後、両手の指を伸ばして頭上に高く掲げる。次に両手を下ろし、手のひらを上にして下から胸のところまで上げ下げしながら、鼻で深呼吸を五回ないし八回ほど繰り返す。これは脊椎を御柱として意識で天と地を結ぶ作法である（今も北海道のアイヌ族は、火の神アペフチカムイに拝礼するとき、これに似た作法を行っている）。

次に両手を組んで下腹に添える。組み方は手のひらを上にして、親指と親指の頭を接する。次に眼を軽くつぶって次のコトタマを静かに緩やかに唱える。

ヒトモチロ　ミチタリテ　クシヒナル　タマヒカル
スメカミノ　ミコトモチ　オオヤマ　ウチヒラク
カミノミチカラ　サズケタマヘ
カミノミチカラ　フラセタマヘ
アマツカミ　クニツカミ　コトワケテ　フツノオオカミ

ヒトモチロ、ミチタリテというのは、人も万物も、神の恵みに満たされていることを感謝するコトタマである。輝かしい奇霊《くしび》なるスメミオヤの神の教えを受けつぎ、困難を打開する力を授け給え、神剣を振らせ給えと祈る、そして修行に臨んでは、天つ神、国つ神、なかんずくフツノミタマの大神に全託するという素晴らしい祝詞である。

これを二回唱えた後、眼をつぶったまま静かに無念無想となる。時計の音など規則的な音に静かに聞き入って行ってもよい。十五分ほど行い、終われば二拍手二拝する。

以上が、魂鎮めの修斎であるが、八戸の弟子たちには、このほか気合術による魔祓いも教えた。

これは、二本指の瓊矛《ぬほこ》の印あるいは平手の手刀を「イーエッ」という気合とともに斜め下に斬りおろし、怨敵の退散を促す手法である。もともとこのやり方は、古神道家の川面凡児が集大成した手法であったが、明治、大正のころは、この気合術で数々の病人が治癒したという記録がある。

もっとも、手印や手刀によって邪気、邪霊を斬りたおすだけでは危険である。斬ったあと、左回りの螺旋を描きながら、斜め上に手印、手刀を引き上げ、それによって邪気、邪霊を微粒子に分解し、向こう側の高い次元に戻してやらねばならない。さもないと、彼らは態勢を調えて、復讐してくるかもしれないのである。

それが、川面流であり、川面先生よりこれを習った小泉は、若い弟子たちに惜しげもなく伝授していた。東京でも満井佐吉に邪気、邪霊のエネルギー体の斬り方を教えたことがある。

邪気、邪霊は頭で考えだした観念的なものではなく、人にかかってくる生きたエネルギー体なのであるから、これを分解し昇華し天地に還してやらねばならないのである。

ただし、この手印や手刀によって祓えるのは、自分の体のなかに潜んでいる弱気、移り気、迷い気などの邪気や人の怨念のような比較的弱い生霊に限られる。道教寺院やフリーメーソンから組織的に仕かけられた天皇と日本に対する呪詛のように強力なものは、真剣によって祓うほかない。また、日本の内部から沸き起こり蓄積した集合的な邪気、邪欲の塊も、真剣が必要となる。

しかし、真剣による魔祓いについては、どのような方法で行ったか、はっきりした記録が残っていない。太志命が道場で剣祓いするときは立ち入り禁止であったから、だれも目撃したものがいなかった。

もちろんフツノミタマの大神の神威の発動を祈りながら行ったとみられるが、小泉は、その振り方について全く記録を残さなかったし、そもそも記録すべきものでもなかった。

残っているのは、一日三万三千回、多い日には六万六千回真剣を振っていたという言い伝えだけである。それは身を回しながら小刻みに真剣を振るなど太志命独特の振り方であって、剣道の通常の振り方でないことは確かである。太志命は、螺旋運動を重視していたから、身体を右に左に回転させながら、剣を螺旋に、あるいは斜め上下に振っていたのかもしれない。

剣祓いは、伝えるとすれば免許皆伝の弟子にのみ一対一で伝授する秘法であって、凡人や大衆に伝えたり、書き残したりするものではなかった。そして幸か不幸か、剣祓いを伝授するにふさわしい弟子は現れず、太志命もこれを誰にも伝えようとはしなかった。

そもそも、弟子や門弟をとって育てるという考えは毛頭なかったのである。彼は生前、親しい人には、よくこう語っていた。

「道場には、弟子も門弟もいらない。道場は一人で十分である」

吉田茂は占領軍憲法廃棄のチャンスを潰してしまった

昭和二十七年四月、連合国との間でサンフランシスコ講和条約が発効し、七年間にわたる占領軍の支配は終結した。振り返ってみれば、それはまことに過酷で矛盾に満ちた軍政であった。

占領軍――実質的には米軍は、言論の自由を定めた憲法を制定させながら、新聞記事は事前に検閲し、差し替えさせ、占領軍の意向に従おうとしない新聞社に発行停止の脅しをかけていた。報道機関は占領軍の意向を忖度《そんたく》するのに汲々としていた。さらに戦前、戦中の本七千冊以上を禁書として封殺した。

米国は、「自由」を標榜しながら、政財界、報道界から文芸の世界に至るまで、諜報機関による監視の眼を光らせていたのである。


また、米国政府は、キリスト教のやり方で大統領などの就任、葬儀は執り行っていたが、日本政府が神道形式で地鎮祭や戦死者の慰霊を行うことを許可しなかった。日本軍の「戦争犯罪」は積極的に裁こうとしたが、米軍の原爆投下、焼夷弾爆撃などの大量虐殺は知らぬふりを決め込んでいた。

そして、戦前の日本は封建的な「悪の元凶」であり、米国こそが近代的な「正義の代表」であるという洗脳工作を展開した。勝者が力を背景に「歴史」を塗り替え、力ずくで「歴史」を作っていくことを日本国民に思い知らせたのである。

強国とは、道義に強い国のことではなく、身勝手な二重基準《ダブルスタンダード》を押しつけて平然としている国を意味するということを日本国民は思い知らされた。

「歴史《ヒストリー》」は、いつの時代も、力の強い勝者の「物語《ストーリー》」によって作られていく。おびただしい敗者の歴史は、消されたり塗り替えられたりしてきたのであった。それに異議を申し立てようとすると、勝者の側は「歴史修正主義者」というレッテルを強引に貼り付けるのだ。

そのことは、賢明な昭和天皇もよくご存じであったが、黙って忍耐強く嵐の過ぎ去るのを待っておられた。やっと講和条約発効の日を迎え、昭和天皇は喜びの御製を詠まれている。

国の春と　今こそはなれ　霜こほる
冬にたへこし　民のちからに

長い冬に耐え、黙々と復興への道を歩んだのは、他でもない土に生きる民衆であった。泥臭い民の力であった。時勢におもねる学者や論争の好きな知識人ではなかった。

このころも、南原繁東大総長などは、吉田内閣の単独講和路線に反対し、ソ連や中国を含めた全面講和を主張していた。学者たちは、厳しい戦略環境を理解しようとせず、まだ机上で幻想の世界に酔っていた。

講和条約によって、日本は少なくとも形式上は、めでたく主権を回復することができた。神道指令、公職追放令、剣道禁止令など占領中に出された超法規的なマッカーサー指令は、すべて無効となった。

戦後憲法も、占領軍の力を背景に押し付けられたものであったから、独立回復とともに無効になるはずであった。被占領国の法令を勝手に変更することは、明らかにハーグ陸戦条約など国際法に違反する行為であった。

しかし、独立を回復しても当時の吉田茂内閣は、なぜか憲法の無効宣言を出さなかった。経済復興を優先させたと見られているが、それ以上に、もし無効を宣言すれば、左翼の主導する大衆デモによって退陣を余儀なくされることを恐れたのであろう。社会党や共産党とそのシンパ（同調者）は、まだまだ侮れない勢力を誇っていたのである。

憲法草案の和訳に当たった白洲次郎《しらすじろう》は、吉田茂の懐刀といわれていたが、このとき吉田内閣が憲法廃止を宣言しなかったのは、吉田の最大の汚点と批判している。吉田の軍事参謀であった元陸軍大佐の辰巳栄一も、朝鮮戦争を踏まえ本土防衛のため警察予備隊の大規模な増強を進言したが、吉田はそれも拒否した。新憲法の守護神と祭り上げられていた東大教授宮沢俊義も、その地位に安住し、吉田に憲法廃止を提案しようとしなかった。

吉田茂

吉田が、このとき政治生命をかけて憲法を廃棄しておけば、わが国はその後、苦しい憲法解釈を積み重ねる必要もなく、正々堂々たる独立精神によって新生日本の憲法の制定に向かうことができたはずである。

だが、わが国が形式的に独立しても、占領軍憲法に従っている限り、実質的にはアメリカの保護国、属国のままである。自前の軍備を許されず国の防衛を全面的にアメリカに頼っている以上、アメリカの国益を優先させる政治、経済上の対日要求に逆らうことはできない。

左翼のいわゆる「護憲」運動は、護憲を唱えるほど対米従属を固定化し、日本の国益を大いに毀損することにつながっていたが、それについて彼らは知っていながらわざと頰かむりをしていた。

憲法九条を護っているのは左翼人士だとうぬぼれていたが、実は皮肉なことに米軍であることに彼らは気づかないでいた。日本の再軍備を防ぎ、米国の平和《パックス・アメリカーナ》を確保するために、アメリカは米軍基地を全土に張り巡らせたのである。

しかしながら、表面的な独立、いわば半独立の状態であったものの、国民は、陛下とともにこれを歓迎した。久しぶりに頭の上の重圧が取れたような開放感を味わった。これで自由に言論活動ができると、保守陣営も心ある知識人も喜んだ。

霊剣の実践こそ「すめらの霊《ひ》の元の道」

講和条約の交渉が進展するにつれ、八戸に逼塞《ひっそく》していた小泉太志も東京に戻ることを考え始めた。

八戸では幼なじみと旧交を温め、弟子たちを連れて山、海、湖に遊び、豊かな自然の響きを味わい、祖先の御霊や神々の託宣を降ろす白龍明神とも親しく触れ合うことができた。町の人々はお互いに感謝し合い、分かち合い、譲り合い、和《なご》み合う昔ながらの共同体の伝統の中に生きていた。日月や土の精を拝み、龍神や祖霊とも交流し合う日々を送っていた。人々は、理論化して言わずとも、「すめらの霊《ひ》の道」とともに生活していることを確認することができた。

しかし、いかんせん、八戸は人口十万程度の田舎町である。胸襟を開いて対等に語り合える友人はなく、論争を吹っかけてくる反対者もいない。

東京は欲にかられた雑多な人間が集まるところだが、一応独立を回復したいま、公平な土俵で言論の戦いが始まろうとしている。自由をうたう資本主義と平等を唱える共産主義の闘いが、日本を巻き込んで世界的規模で始まりつつある。

西欧近代の個人本位の人権思想をもって日本社会を改造しようとする勢力と、自然霊や祖霊とともに生き、生命本来の穢れなき真気を養うことを心掛けてきた伝統的な共同体の価値観を尊重しようとする勢力が激しくぶつかろうとしていた。

いまや都会の喧騒の中に再び身を投げ込み、わが霊剣の道を実践すべき時期が来たと小泉は思った。

学者や知識人たちのかまびすしい論争を超越した「真実の世界」のあることを知らせなければならない、紛争や論議の盛んなこの世の裏に、真実の確固たる世界があり、それがこの世をしっかり支えていることを示さなければならない。

自分は理論家ではないから、そして理論は真実のごく一面を説明するにすぎないから、文筆を持って提示しようとは思わない。自分にできる霊剣の実践こそ、この世を支え成り立たせている「すめらの霊《ひ》の道」の所在をまざまざと呈示し実証するものだと彼は確信していた。

公職を追放されていた満井佐吉も講和条約の発効によって元気を取りもどしていた。公職追放令も剣道禁止令も無効となり、晴れて再び表舞台に登場しようとしていた。

彼は、世田谷区羽根木に設けた新しい武道場でもう一度霊剣を振ろうではないかと小泉太志命に呼びかけた。その背景には、満井がかつて感激したある思い出があったのだ。

それは、忘れもしない昭和二十年二月二十五日と三月十日。

この日の大規模な東京空襲は政府を驚愕させたが、その時どんなことがあっても皇室だけは守ろうと二人で霊剣を振るったことがあった。小泉が霊視してみると、四月十三日に次の大空襲を米軍が計画しており、攻撃目標に皇居が含まれていることが判明した。

そこで、その攻撃当日、小泉たちは、必死で霊剣を振り、回避を祈ったところ、皇居爆撃の任務を帯びていたＢ29一機が上空で忽然と消えてしまったのであった。Ｂ29が墜落したことを裏付ける証拠資料はないから、おそらく、小泉の剣先から出た霊火がＢ29を包み込み、異次元に運び去ったに違いないと満井佐吉は信じていた。小泉もそう確信していたことであろう。

たぶんこの時の体験を踏まえてと思われるが、昭和四十九年、スプーン曲げの関口淳少年が話題になったとき、太志は上之郷の道場に集まった人たちにこう話したことがある。

Ｂ29爆撃機

「今日、長距離ミサイルがいつどこで落ちるか計り知れない状況ですが、これを阻止または方向転換することは自由にできるのです。あの匙曲げの少年と同じような子が多く出てきます。その少年たちがサッと手を振るとミサイル先端にある針状のものが曲がって他に飛んで行ってしまう。そんなことは容易なのです。幼児が仰向けになったまま手を曲げて遊んでいる、その状態から超能力を発する時代が訪れようとしているのですよ」

これはまさに、小野忠明の「夢想」の極意、針ヶ谷夕雲の「抜け」の極意そのものではないだろうか。赤ん坊の無我の境地から超能力が生まれるということを小泉は語ろうとしたのではあるまいか。その無我の境地に早く達する一つの有力な手法が、霊剣の修行だと考えていたのではないだろうか。

戦後も小泉太志は、一日三万三千回道場で真剣を振っていたが、それは無念無想の心境に導くための手法でもあったのだ。

疲れ果てても、なお剣を振り続けていくとある段階から急に澄み切った真空のような状態になる、その状態で天皇と日本の安泰そして世界の平和を静かに祈れば、襲い掛かろうとする霊障、魔障は忽然と消え去り、二度と姿を現さなくなるのである。一瞬の間に分解され、別の次元に運ばれるのである。

ちょうどＢ29が忽然と消えたように――。

第四章

時空を開く（霊剣奉納一途の生活）

日本精神を再興する原理を求めて『旧事本紀大成経』を研究する

小泉太志は、世田谷区羽根木の福寿荘の一部屋を借り、近くにできた満井の新しい武道場で再び剣を振り始めたが、同時に古典の研究も怠ってはいなかった。「武よりも文を究めることを先にする」のが彼の信条でもあったからだ。彼は道場にいつもこの標語を掲げていた。

「文は義を究め、武は文を護るにあり、文を先んぜよ」

このころ集中的に読んでいたのは、先代旧事本紀《せんだいくじほんぎ》である。敗戦後、伝統に回帰しようとする識者たちの間で盛んに研究された書物であった。

戦前は、古事記と日本書紀が二大古典として読まれていたが、神武天皇以前の神代の歴史は途方もない神話として描かれ、あまり信頼の置けそうもないものであった。建国の理念や統治の倫理、民族の宇宙観、生命観にいたっては記述が乏しく、戦後の日本を立て直す根本原理を探そうとした識者にとって記紀は物足りないものであった。

そんな折に知識界で注目されたのが、先代旧事本紀である。一例をあげると、もと陸軍大学校長を務めた賀陽宮《かやのみや》は、戦後いち早く臣籍を降り平民となっていたが、腑抜けにされた日本を立て直す思想原理を見つけようと、先代旧事本紀を研究していた。彼は、同志の宮東孝行らと研究会を組織し、従来偽書とされてきた先代旧事本紀に、実は記紀から漏れていた貴重な古伝が隠れているのではないかと考え、その中に日本精神を再興する原理を発見しようとしていた。

小泉も独自に先代旧事本紀を調べてみたところ、次のような興味深い事実がわかってきた。

先代旧事本紀には、異本が五種類（出現順に十巻本、三十一巻本、三十八巻本、七十二巻本、三十巻本）あり、そのうち十巻本の本文（序文を除く）は平安時代に成立したことが確定していること。そのほか、十巻本は日本書紀に先行する時期に書かれたという学説もあり、しかも、平安時代中期に日本書紀の研究家が書紀の「原本」が存在していると発言したことが釈日本紀に載っていることなども分かってきた。

そしてどうやらこの十巻本や他の文献を基にしたらしく、江戸時代初期に『先代旧事本

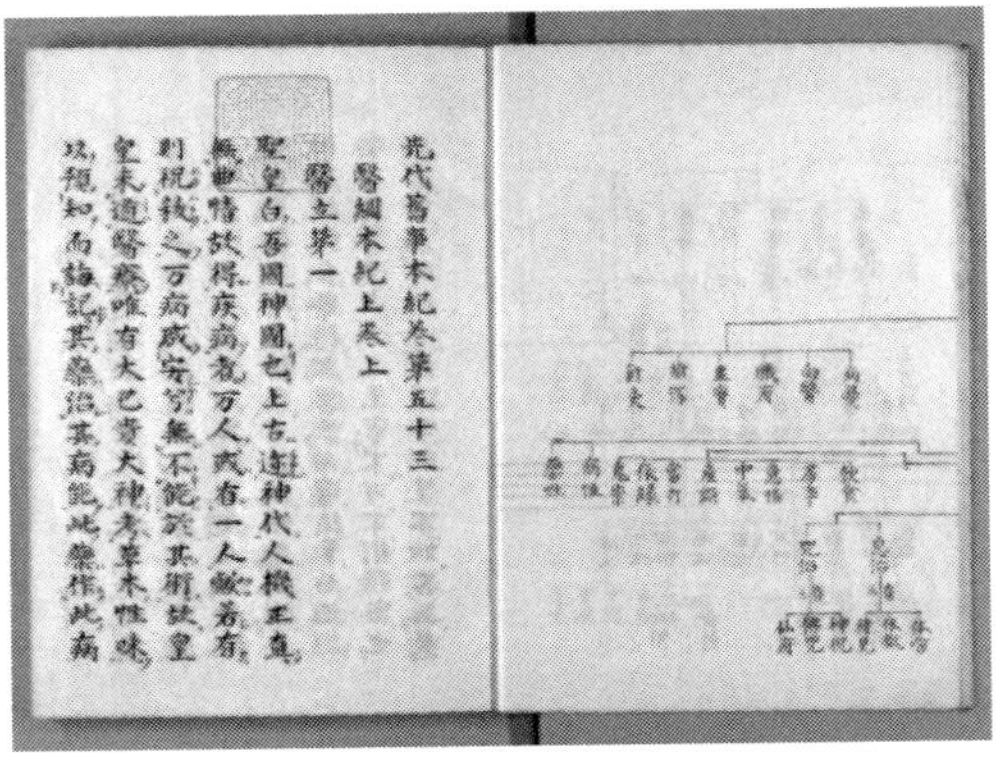

旧事本紀大成経七十二巻本

紀大成経』と名乗る異本が続々と登場してきたのである。大成経というのは、完全版という意味である。十巻本では足りないところを補った完全版というのである。

その中で群を抜いて内容の豊富なのが、延宝元年（一六七九）に登場した七十二巻本であった。

それは古代の歴史だけでなく、聖徳太子の制定した五憲法や太子の予言、医療法、神社の歴史、国造一覧、古代歌謡など実に広範な内容で、出版されたときは隠されていた古代の秘密が出現したと評判を呼んだ。

その序文には、この書は推古天皇の勅命によって聖徳太子が編纂し、秦河勝、中臣鎌足らが補筆したものとあり、その豪華な顔ぶれからも大変な人気をよんだ。

ところが、出版からちょうど二年後の天和元年（一六八一）六月、幕府は、旧事紀七二巻本は、伊雑の宮に仕える神人《じにん》たちの虚偽の資料に基づき、国学者の長野采女と黄檗宗僧侶の潮音道海が捏造したものという裁決を下し、この二人と神人たちを処罰したのである。

捏造とされたのは七十二巻本における伊雑の宮の位置づけだった。

同書で伊雑の宮は伊勢神宮の付属の神社ではなく、「内宮、外宮と並ぶ伊勢三宮の一つであって、しかも一番古く、内宮奥の院の秘密道場である」と主張していたのである。

その証拠は、神社の宝庫でみつけた古文書であって、それを知った国学者の長野采女が潮音道海に呼びかけて整理してもらい出版したというのである。これに対して権威を脅かされた伊勢神宮側はただちに幕府に訴え、処罰を求めたことは言うまでもない。

ところが、小泉が調べ直してみると、昔の伊雑の宮は相当の格式をもち、実り豊かな広大な御神田《おみた》を背景に隆盛を誇っていたことが明らかになってきた。

外宮の神官が鎌倉時代にまとめた『倭姫命世記』によれば、垂仁天皇の娘の倭姫が、天照大神に捧げるため当初伊雑に麻服の機殿《はたどの》を創建し、のちに逢坂峠を越えて五十鈴川の上流に絹服の機殿《はたどの》を建てたという。

それを経済的に支援したのが最大の地方豪族の伊佐波登美《いさわとみ》の命であった。倭姫は、伊佐波の命の保有する千田《ちだ》という場所で、稲穂のたわわに実る新種の稲をくわえた鶴を見つけたと伝えられている。

伊佐波の地は、イサワと清音で発声していたから、伊雑の宮もイサワの宮と呼ぶのが正しい発音である。ところが、伊佐波地方は、のちに勅令により「伊雑」と二字の地名に変更されたので、「雑」の漢音にひきずられてイザワと濁音で呼ぶようになったが、本書ではイサワと統一して読むこととする。

伊佐波地方は古来豊かな稲作地帯であったので、治安の乱れた鎌倉時代末期にたびたび熊野の盗賊軍に襲われ秋の収穫を根こそぎ奪われていた。

その後戦国時代には、侵入してきた熊野水軍の九鬼嘉隆《くきよしたか》の軍勢によって美田を接収され、宮司が殺害され、伊雑《いさわ》の宮の宝物などめぼしいものを略奪され、それ以降伊雑の宮は衰微し、内宮外宮と比べようもないほど落ちぶれてしまった。

だが、伊雑《いさわ》の宮が最高の格式をもつ神社だという伝承は、地元の人々に受け継がれ、江戸幕府が成立したあと、九鬼氏の略奪した田畑と宝物をお宮に返還してもらうよう粘り強く幕府に直訴を続けていたのである。直訴をした神人たちが島流しにあっても、返還の要求は止まなかった。今日においても、地元の郷土史家たちは九鬼嘉隆を蛇蝎《だかつ》のごとく嫌っている。

小泉は、旧事本紀大成経を読んで、伊雑の宮の由来に興味を持つようになった。九鬼氏や伊勢神宮に翻弄されてきた伊雑の宮が、本来の天照大神の隠された秘密を握っているのかもしれない、いつか訪問して細かく現地調査してみようと考えていた。

もしかすると、霊剣の由来を伝える古文書や未発見の重要な古代文書、あの聖徳太子が編纂したといわれる天皇記や国記の片鱗が近くに隠れているかもしれない、それは伊雑の宮の宝物を略奪したという九鬼氏の宝庫の片隅に眠っているかもしれないと期待が膨らんできた。

伊雑の宮に大成経の原本があった?

太志が初めて伊雑の宮を訪問したのは、冒頭に述べた通り、昭和二十七年一月であった。天照大神と縁のある土地で神業を奉仕したいと考えていた小泉は、内宮、外宮の傍には見つけることができず、最後に訪れた伊雑の宮で、不思議な楠木が出迎えてくれる声を聴いたのであった。案内してくれた川梅旅館の主人、山路沢太の篤志により住居ができあがり、さらに昭和三十六年には神武参剣道場が完成、日夜霊剣を奉納する生活が始まった。

山路沢太

篤志家の山路沢太は、御木本幸吉翁の存命中は翁を助けてお宮のお世話をし、あわせて天之磐門《いわと》顕正奉賛会を切り盛りしていたが、幸吉翁の死後どなたか信仰上の指導者となってくれるような人物を探していた。

そのような時期に小泉太志が現れ、会って話を聞いてみるとただならぬ人物と観察されたので、所有の土地を提供して上之郷に住みついてもらうことにしたのであった。

山路沢太は、志摩磯部一番の名士であり、警防団長、農業委員長など数々の公職を歴任していた。毎年、伊雑の宮のお祭りに資金協力し、恵まれない同和地区の子供のために保育所を設置するなど、社会活動にも熱心に取り組んでいた。

彼は、親しい知人を集めて年に二、三回「郷土座談会」を開催し、郷土の発展に役立つ意見を交換しようとしていた。常連メンバーには、元町長の平石重信、郷土史家の谷甚哉、天之磐門奉賛会の浜田兼吉、伊勢三宮奉賛献灯会の森岡照善《てるよし》、物知りの宮大工木場利一がいた。

山路沢太が旅館の経営を息子の啓雄にまかせ、隠居の生活に入ったころ、「郷土座談会」が川梅旅館の二階の部屋で開かれた。うららかな春の日であった。

この日は、昔の歴史に詳しい木場利一が、伊雑の宮の御師の制度について発表した。木場は、仕事柄各地のお宮に出張し、その由来や口承を良く知っており、稗田阿礼《ひえだのあれ》の生まれ変わりかと評されるほどであった。

神武参剣道場を建てたのも宮大工の木場であり、磯部に移り住んだ小泉太志に最初に伊雑の歴史を説明したのも、この木場であった。

木場の話によると、御師は室町時代に生まれたが、江戸時代には下級神職として伊雑の宮の信徒らに神符を配ったり、全国から参拝に来る信徒らを宿泊させ案内したりする役目を果たしていた。

伊雑の宮は、内宮外宮と違い、昔から身分の差なく参拝でき、僧侶や被差別民にも解放していたので全国から信徒らが訪れていたのである。東京八丁堀の講社の信徒が建てた伊雑の宮の分社が、いまも八丁堀に残っている。

信徒らは二十人で一つの頼母子講《たのもしこう》をつくり、十年に一回仲間の二人がお宮に参拝するという仕組みを築いていた。その世話をする必要から生まれたのが、御師制度であり、伊雑の御師の仕組みが、のちに外宮と内宮に伝わっていったのであった。

御師たちは、江戸時代には苗字帯刀と裃《かみしも》を着用することを許され、最盛期には六十軒の御師の家が磯部にあったという。現在残っている唯一の御師の家が、神武参剣道場の北

御師の家の森和夫

三十メートルのところにある。

現在の当主は、もと磯部町の社会教育主事や収入役をつとめた森和夫で、屋号「森新」の十三代目の御師に当たるという。彼は、退職後はお土産物を売る店を開くかたわら、御師の家を訪ねてくる観光客相手に神社と郷土の説明をすることを隠居後の楽しみにしていた。放置されていた倭姫ゆかりの旧跡を整備、保存させたのはこの森和夫であり、その博覧強記ぶりは、訪れる観光客を驚かせていた。

宮大工の木場利一は、張りのある声で御師の制度を説明したあと、旧事本紀大成経と伊雑の宮の関係について語り始めた。

「大成経の序文によるとね、原本は三部作られ、天王寺と三輪神社と五十宮《いそのみや》にそれぞれ保管されたと書かれている。五十宮とは、まさにこの磯部《いそべ》の宮、つまり伊雑の宮のことではないだろうか。だとすると、江戸期にお宮から大成経が出現したとしても不思議ではないですね、谷さん」

郷土史研究家で教員の谷甚哉が慎重に言葉を選びながら答えた。

「そうですなあ、御師の人たちは戦国時代には九鬼氏の略奪を避けるため、津のお寺にその原本を隠していたと伝えられている。江戸幕府が誕生したあと、原本が発見され、整理されて江戸で出版されたと考えても無理はないね。当時の御師たちが捏造しなければならなかった理由は見当たらないし、そもそも捏造するだけの漢文力があったとも思えませんなあ」

「元伊勢といわれるだけあって、伊雑は伊勢三宮の中で最も古いお宮と見て間違いないと思いますよ。たとえば毎年六月二十四日には、古式ゆかしいお田植祭が催されている。ユキ田、スキ田を含むと思われる三枚の田でお田植する最古の神事が原型となって、内宮など他の神社に伝わっていったのではないだろうか」

と木場は語った。それを受けて、元町長の平石重信が質問した。

「大成経では、伊雑の宮は、内宮の奥の院として秘密の道場を持っていたというが、あったとすると、木場さん、どの辺にあったと思う？」

「道場があったとすると、やはり天の岩戸のあたりではないですかな。禊をして心身を浄めるのに都合のよい場所だからね。あるいは逢坂峠のふもとにあった建屋《たてや》の茶屋の近くかもしれないなあ。割りとすがすがしいところですからね。御師たちは、遠方から来る信徒らをそのお茶屋まで出迎えていたんですね」

木場は、続けて顔を曇らせながらこう語った。

「ところが大成経事件で、奥の院説を唱えた御師たちは所払いや島流しにあったので、村人たちは後難を恐れて神々の話をしなくなってしまった。お宮の秋祭りもやめてしまうほどの打撃をうけたのです。子供の時に聞いたこの唄に、当時の村人の苦境が偲ばれますね」

と言って、木場は先祖から聞いていた昔の唄を渋い声で皆に披露した。

「仏ほっとけ～　神かまうな～　さわらぬ神に～　祟りなし～」

江戸時代に、山路や木場たちのご先祖は「神も仏もあるものか」という理不尽で悲惨な境遇に追いやられていたのである。先祖の数々の苦難をおもいだしたのか、一座は沈黙し、にわかに湿っぽい空気に包まれた。

それに気づいた郷土史家の谷甚哉が、雰囲気を変えようとして新しい話題を持ち出した。谷は、教員でのちに磯部町史を編纂することになった男である。

「ところで、最近ホツマツタヱという本を読んだのだが、びっくりしましたよ。天照大神は、富士山のふもとに置いていた都をこの伊雑の地に遷したと書かれているんでね」

谷は、カバンからホツマツタヱの解説本をとりだして説明を始めた。

ホツマツタヱは、三輪神社の神官オオ・タタネコが景行天皇に献上した数世紀にわたる縄文の叙事詩とされ、記紀の原典の一つといわれている。昭和四十一年に再発見され、解説本がつぎつぎ出版されようとしていた。

ホツマツタヱは文献学の世界ではまだ偽書扱いにしたままであるが、読んでみると記述は古事記や日本書紀の神話よりも一貫性があり、天照大神も暴力にひるんですぐ岩戸に隠れてしまうひ弱な女神ではなく、思いやり深いすぐれた男神の霊覚者として描かれている。

歴史ばかりでなく、古代の医療、出産、乗馬、建築や暦法についても説明した博物誌であり、何よりも大嘗会《おおなめえ》など宮中祭祀の仕方について詳細に記述している点が記紀に見られない特徴であった。

「ホツマによるとね、天照大神の天孫族は、重臣オモイカネの命に伊雑の宮を造営させ富士のふもとから移り住んだという。そして晩年はミモスソ川（五十鈴川）の上流にすばらしい朝日の昇る小高い土地を見つけ、宇治と名付けて皇后の瀬おりつ姫とともに移住したと記録されている。そこは毎日懐かしい富士の山が拝める小高い場所であったのではないかな」

それを聞いて、木場が応えた。

「なるほどそういうことですか、地図を見ると確かに富士山と二見が浦と宇治橋は一直線につながっていますね。夏至の日になると、夫婦岩の真ん中に見える富士山の頂上から朝日が立ち昇り、やがて宇治橋の鳥居に顔を出すようになっている」

「つまり、天照大神は夏至の日に神々しいダイヤモンド富士を拝める小高い場所を選び、宇治と名付けて晩年は住まわれていたということだね。ホツマの暦を分析した研究者によると、それは今からざっと三千二百年前のことらしい」

と谷が説明した。

「そうすると時代区分で言えば、縄文晩期に当たりますな」

と山路沢太が言い、つづけて疑問を呈した。

「いわれてみると、不思議なことに古事記、日本書紀には、富士山の話が全く出て来ませんね。霊峰富士は、縄文の昔から知られ崇《あが》められていたはずなのに、記述がないということは、わざと消されたということではないだろうか。富士に王朝があったことを記録したくない勢力、

二見が浦に立つダイヤモンド富士

伊雑に都を遷したことを忘れたい勢力があったと見るべきではありませんか」

「そうでしょうなあ。富士吉田の小室浅間神社宮司家の伝えてきた宮下文書にも、かつては、富士山のふもとに古代の都があったという記録があるから、まんざら嘘とも思えませんな。また、ホツマでは、東北にも豊受《トヨケ》大神の祖神タカギムスヒの神が代々治めていた都

があった、といっている。東北王朝や富士王朝の歴史を消し、神武の九州王朝から歴史を始めると都合のよい勢力が記紀を書いたということになりはしないかな」

とホツマに詳しい谷が応えた。

郷土座談会のメンバーは、時間の経つのも忘れて、談論に花を咲かせていた。

伊勢神宮石灯籠のカゴメ紋（六芒星）は星紋（五芒星）と取り違えられたものだった

そこへいきなり、部屋の襖《ふすま》をあけて、のそっと大男が入ってきた。でっぷり肥えた大男は、場慣れた様子で遠慮なく畳に座り込み、地肌の見える薄頭をかきながら言った。

「いやあ、参ったよ。森岡一世一代の大失敗をやらかしてしまったよ」

入ってきたのは、伊勢三宮奉賛献灯会の森岡照善会長であった。郷土座談会の常連メンバーである。

何事かとあっけに取られている参加者を前に、森岡は事情を話し始めた。

献灯会は、全国から浄財を集め、昭和三十一年より外宮から内宮を経て伊雑の宮に至る道路沿いに石灯籠を設置していた。二十年間かけて五百二十基の石灯籠を設置する計画であった。外宮と内宮のお参りだけでは足りず、伊雑の宮を加えた三宮参りを果たさなければ、本当の伊勢参りにならないという信念から生まれた運動であった。

この石灯籠には、カゴメ紋（六芒星）が彫られていたが、それは献灯会会長の森岡が、最初の設計図になかったものを強引に大阪の石工に彫らせていたのである。

星紋のセーマン護符
（海女が身につける）

ところが、三日前のこと、石田博という東京の会社経営者が小泉太志先生にお会いした帰りだといって、森岡を訪ねてきた。石田は、なぜ六芒星が彫られているのか疑問に思い、責任者の森岡に尋ねようとしてやってきたのである。

そこで、森岡は一冊の古書を取り出して石田に説明をはじめた。

「ご覧ください。外宮のご神体の石にいろいろな記号が彫ってある。このなかに六芒星を彫ってあるのがあり、これは内宮と外宮を結ぶ意味ですね。この石の写真を見てもらいたい」

そういわれて、石田が虫めがねで観察すると、驚いたことにカゴメ紋ではなく魔よけの星形であった。志摩の海女たちが護身のため身につける星形のセーマンであった。

「森岡先生、よくご覧ください。この記号は五芒星の星形ですよ」

撤去された石灯籠（カゴメ紋がみえる）

献灯会による石灯籠の設置は意味のある仕事であったが、それにカゴメ紋を彫らせたのは間違いであることが石田の指摘でわかったのだ。（この間の事情は、石田博の著書『21世紀の新エネルギー』に描かれている）

過ちに気がついた森岡は「取り返しのつかぬことをしてしまった」と深く嘆き、山路沢太や平石らに「申し訳ない」とお詫びした。彼らも、多額の浄財を寄付し、石灯籠の敷設に協力していたからであった。

後日談であるが、平成三十年十一月、路上にあったこの石灯籠群はすべて撤去されてしまった。バスが石灯籠にぶつかり死傷者が出たという理由からだったが、道路管理者から見れば許可を得て設置していたか不明であり、また伊勢神宮側としても、なぜユダヤのダビデ紋があるのかという質問に答えられず、困っていたのである。

森岡の懺悔話を聞いた元町長の平石は、慰めるように言った。

「やあ、そうでしたか。カゴメ紋は、ユダヤの国章六芒星と同じだからといって、大和とユダヤの密接な関連を論じる人が大勢あらわれましたね。でも、嘆くには及びません。カゴメカゴメの童謡は、ヘブライ語でも解釈できるというではありませんか」

間髪を入れず、教員の谷甚哉がこの意見に反論した。

「いや、その説はおかしいですよ。ヘブライ語というのは、日本語にもポリネシア語にも当てはめて解釈できる自由自在な言葉なんです。それに第一、古代の古典ヘブライ語がどういう風に発音されていたのか特定されていないし、いまあるヘブライ語は十九世紀に作られた人造言語ですから、みな好き勝手にこじつけて楽しんでいるだけですね」

谷は、日ユ同祖論には反対であった。

なるほど、ユダヤ系の秦氏が来朝し平安京の建設に貢献したことは認めるけれども、ユダヤ教というのは、一万五千年前の縄文時代から続くわが「神ながらの道」に比べれば、新興宗教に過ぎないと考えていた。ユダヤの六芒星は、実はエジプトで育てられたモーゼが古代エジプトの象徴記号を学び、ダビデの紋章に仕立て上げたものにすぎないから、比べるなら古代エジプトの紋章と比較しなければならないと考えていた。

古代中東史の本を調べてみると、古代のエジプト神殿には、上向きの△は火を象徴し下向きの▽は水を象徴する記号として彫られていた。そして両者を合体させた六芒星は、火と水、日と月、天と地、上昇と下降、陽と陰など相反するものを統合し調和させる記号とされていたのである。また、最古の文明といわれるシュメールの陶板にも六芒星が刻まれており、シュメール王の紋は、皇室と同じ十六弁の菊花紋であった。

「ユダヤの六芒星は、エジプト、シュメール文明から借用したものだから、最古の歴史をもつわが国はユダヤよりも、むしろそれ以前のエジプト、シュメール文明と比較すべきだよ」と谷は勢い込んで語った。

石灯籠にカゴメ紋を彫らせた森岡照善会長は、黙って聞くほかなかった。

「いま話の出た石田博氏のことですが……」

と山路沢太が場を収めるように話題を切り替えた。古代記号の神学論争を続けていては切りがないと思ったのだ。

「思い出したんだけど、昭和三十三年の五月五日、ちょうど満月に当たっていた日に、石田氏をバイクに乗せて逢坂峠まで送っていったことがありましたよ。彼は、山岳修行をする古神道の行者でもありましたが、その日の『午前零時に逢坂峠の頂上で祈り、指示を待て』というご神示を受けたのでどうしても連れていってくれと頼まれてね、真っ暗闇のなかバイクで何度も転びながら彼を運んでいったことがありましたね」

山路は、渇いたのどをお茶で潤してから言葉を継いだ。

「私は今から逢坂峠に行くことを事前に小泉先生に申し上げると『この峠に誰かが登りに来ることは神様からお知らせがあったので、お待ちしていたが、まさか石田さんとは』といって驚かれたことがございましたね」

「そうでしたか。やはり逢坂峠は神様のメッセージを受けとる神秘な場所なのですな。内宮奥の院の秘密道場が昔あったという言い伝えは無視できませんなあ」と木場利一が安心した表情で言い、つづけて語った。

「もし伊雑に天照大神の都があったとすると、阿智氏の祖オモイカネの命や中臣氏の祖アメノコヤネの命らも伊雑にいたということになりますなあ。その頃のお宮には、当然、鏡臣《かがみおみ》の間、剣臣《つるぎおみ》の間、医師の間、学者の間などがあったのでしょうな」

「そういえば、小泉先生は、天照大神がいた頃の伊雑のお宮で生まれたという記憶があるそうですよ。最初にお宮を訪問したとき、楠木の陰から老人夫婦が顕れて『よくぞ帰ってきてくれたね』と歓迎されたそうです。前世は、お宮の剣臣の間で生まれたのかもしれませんね」と山路沢太が答えた。

「なるほど、そういう前世の記憶があったので、先生は八戸から東京、そして東京から最終的にこの伊雑の地に引き寄せられたのでしょうね」

　皆が思い思いに話しているところに、小柄な山路夫人がお盆を持って静かに部屋に入ってきた。みれば、お手製のヨモギ餅がたくさんのっている。川梅旅館にくる観光客をもてなすため、いつも夫人が用意しているものである。
「今朝作ったばかりです。どうぞ、召し上がってください」

ひふみ神示と大成経に記された「ひふみ祝詞」は同じものだった

このころ山路の主催する郷土座談会で話題になっていた本がある。『日月神示』という神託書である。これは画家でもあった古神道家の岡本天明が、国之常《くにのとこ》立命《たち》という高級神霊による神示を自動書記によって記述した文書であるが、伊雑の宮の熱心な信徒が多い研究会ではよく議論の種になっていた。

これは敗色の濃くなった昭和十九年六月、岡本天明が千葉県成田の麻賀多《まかた》神社を訪問したとき突然筆を持たされ、右腕の激痛に耐えながら画仙紙の上に意味不明の文を殴り書きさせられたものという。

原文は大部分が漢数字と記号で書かれており、それを解読して漢字仮名まじりの文章に直したものは「ひふみ神示」と呼ばれている。その中で「この筆示は八通りに読めるのであるぞ」と書かれていることからみれば、まだその一つの解読しかなされていないことになる。

天明の自動書記は、昭和十九年六月十日から開始され、昭和三十四年三月三日まで続けられたが、その中にはまだ公表が許されていないものもある。昭和十九年六月の段階で、東京は焼け野原になること、ソ連が北から攻めてくることなどを予告している。そして来るべき大峠を越すと、いよいよ霊肉ともに開く大岩戸開きの時を迎えるから、身と魂の掃除をしてまことの平和を祈りつづけよと説いていた。それが日本人の使命であるという。

岡本天明

「日本の人民よくならねば、世界の人民よくならんぞ、日本の上の人よくならねば日本人よくならんぞ」

「悪の仕組は、大和魂を根こそぎ抜いてしもうて、日本を外国同様にしておいて、一呑みにする計画であるぞ」と警告し、日本人が明治維新以来の外国かぶれを止め、神々にまつろう伝統に回帰することを求めていた。ただし、ここでいう大和魂とは困難に打ち勝つ勇猛心を指すのではなく、「神と人と解け合った姿ぞ」と注意を促している。

この「ひふみ神示」は、大東亜戦争の敗北を正確に予測していたことから、山路の郷土座談会の注目を集めていたが、もう一つ見逃せない記述もあった。

それは、大成経七十二巻本に出ていたヒで始まりケで終わる四十七音のヒフミ祝詞が、ここでも登場していたことである。文献学者が偽書と位置付けた大成経のなかのヒフミ祝詞が、岡本天明の自動書記においてもそのまま正確に記述されていたのである。

しかも、そのヒフミ祝詞は、三音、五音、七音に区切って詠めと指示していた。

「ひふみ・よいむなや・こともちろらね・しきる・ゆゐつわぬ・そをたはくめか・うおえ・にさりへて・のますあせゑほ・れ～け～」

さらに、このヒフミ祝詞は始めなく終わりなく続く神の能《はたら》きを示しているもので、その息吹を味わうことを忘れるなと注意を促していた。

「一二三《ひふみ》とは限りなき神の弥栄であるぞ、一《ひ》は始めなき始であるぞ、ケは終りなき終りであるぞ、神の能《はたら》きが一二三であるぞ、始なく終なく弥栄の中今《なかいま》ぞ」
「一二三は神の息吹であるぞ、一二三唱えよ、神人共に一二三唱へて岩戸開けるのぞ、一二三に溶けよ、一二三と息せよ、一二三着よ、一二三食《お》せよ、始め一二三あり」

あるコトタマ解釈によると、「ヒ」は宇宙の中心のはたらきを意味し、「フ」は裏から表に、下から上に昇るはたらきを示し、「ミ」は表から裏に、上から下に降るはたらきを示しているとされ、古事記ではこれらの作用が神名化され、それぞれアマノミナカヌシ、タカミムスヒ、カムミムスヒと名付けられていたという。

とすると、ヒフミを唱えることは、今も続いているこの造化三神の中心、遠心、求心の渦巻きのはたらきを賛美することになる。ひふみ神示は、造化の三体の神様（ヒフミ）を言祝《ことほ》ぐことが大事と次のように伝えている。

「ひふみゆらゆら、ひふみゆらゆら、ひふみゆらゆら　々々。ひふみ祝詞のりてから、御三体の大神様　弥栄《いやさか》ましませ弥栄《いやさか》ましませと唱えよ、……御三体の大神様七回のれよ。終りて大神様のキ頂けよ」

「またキ調えてひふみ三回のれよ、これは喜びの舞、清めの舞、祓の歌であるぞ。世界の臣民　皆のれよ、身も魂も一つになって、のり歌ひ舞へよ」


ひふみ神示では、日本人だけでなく世界の民もヒフミ祝詞を歌い舞い、造化三神のキをいただくことが不可欠であると強調している。

「キがもとと申してあろうがな。人民は総てのもののキいただいて成長しているのであるぞ。キ頂けよ。横には社会のキを、縦には神のキを。悪いキを吐き出せよ。よいキ養って行けよ」


悪いキを吐き出し、よいキを養うには、日と月の息をいただくのはもちろんのこと、大事なお土を忘れてはいけないと戒めている。

「お土のキ　頂けよ、出来れば、はだしになってお土の上に立ちて目をつむりて足にて呼吸せよ、一回、二回、三回せよ。……お土は親であるから親の懐《ふところ》に帰りて来いよ、嬉し嬉しの元のキよみがへるぞ」

また、日本の使命について重大な示唆を与えている。

「今までは神国と外国と分れてゐたが、いよいよ一つにまぜまぜに致してクルクルかき廻してねり直して世界一つにし、おのずから上下出来て、一つの王で治めるのぢゃぞ」


そして、極め付けは、つぎの不思議な一節であった。

参剣道場に足しげく通っている山路沢太が腰を抜かすほど驚いた一節であった。大先生が日ごろ唱えているコトタマと非常によく似ていることにびっくりしたのである。

「八とはひらくことぞ。今が八から九に入る時ぞ、天も地も大岩戸ひらき、人民の岩戸ひらきに最も都合のよい時ぞ、天地の波にのればよいのぢゃ、楽し楽しで大峠越せるぞ」


この一節は、昭和三十六年九月一日に降ろされた神示で、その頃が八から九に入るとき、つまり天と地と人民の岩戸開きに都合のよい時であると指摘していたのである。また

麻賀多神社のなかの天日月社

同日付の神示で、岩戸が開かれて八方的想念から十方的想念の時代に入ると告げている。

「八の世界から十の世界になるのであるから、今までの八方的な考へ方、八方的な想念や肉体では生きては行かれんのであるぞ、十方的想念と肉体でなくてはならんぞ。八方的地上から十方的地上となるのであるから、総ての位置が転ずるのであるから、物質も念も総てが変るのであるぞ。これが元の元の元の大神の御神策ぞ……時めぐり来て、その一端をこの神示で知らすのであるぞ」


ところで、小泉太志は、右の神示が岡本天明に降りるよりも早い時期に「八八九九十十」という命言を道場の門人たちに伝えていた。

例えば、昭和三十三年六月二十四日の吉田けこ宛の手紙において「八八を開きて九九十十のふ十十のふ九九八八を開きて」の命言を同人に与えている。吉田けこは、八戸の信仰篤い漁船主の妻であった。

伊雑の道場において、太志は「八八九九十十」は人生の極意であるから、いつも心に留めておくようにと教えていたが、意味を取り立てて教えることもなく、また来訪者たちも意味を深く追求することなく、尊い祝詞のように唱えていた。

「八とは開くことぞ」と伝えたひふみ神示は、右の手紙より後の昭和三十六年に降ろされたものだから、太志がこのひふみ神示の一節を読んでいて教えたわけではない。

「八八《やや》を開きて九九十十《ここと と》のふ」の意味については、よくわからないだけに、山路らの郷土座談会でも度々話題になっていた。

「八から十へ」はカタカムナからも解ける

熱心な敬神家の山路沢太は、夫人の作った大好物のヨモギ餅を二個食べてご満悦であった。彼は奥歯にはさまった餅を取り出そうと、楊枝《ようじ》をくわえていたが、ふと日月神示を思い出して、日ごろ気になっている「八八九九十十」について話し始めた。

「先週、道場で、珍しい巻紙を見せてもらいましたよ。小泉先生が戦後八戸に帰られたとき書かれた『八戸いはれ』という巻紙でしてね。それには『八の戸開く　御代の春九十《こと》ほぐ……吹上の　神の鎮めの　元つ宮　八柱神《やはしら》の八の戸開く』という謎めいた詩が載っていた。アッ、これで意味が解けるなと気がついたんですよ」

山路の説明によると、この一節から、宮中にある八神殿の八の戸を開くと九九すなわち

八八九九十十、十十九九八八

宮中が調い、御代の春が到来するという意味に解釈することができるという。

そう言われてみると、確かに毎年、秋の新嘗祭の前日の夜には、八神殿に祀られている神々と大直日の神を合わせた九神のお力を受けて、天皇の霊魂の活力を殖《ふ》やすタマフリ祭が宮中で行われる。ここで唱えられるコトタマは「ひと、ふた、みい、よう、いつ、むゆ、なな、やあ、ここの、たり」である。天照大神がヒギハヤヒに与えたあの十種の神宝に他ならない。

宮中の掌典長は、このコトタマを唱えながら、五色の紐を結び付け、天皇の霊魂が遊離しないように祈るのである。したがって、「八八《やや》を開きて九九十十《こことと》のふ」というのは、八神殿で九神の助力を祈りながら十種の神宝を唱えること、それにより天皇の活力と霊力を増大させ、ひいては日本の国力を増進することと解釈してよいと山路は自信ありげに語った。

道場でよく唱えている「ひふみよいむなやこと」は、その原理を覚えやすいコトタマに置き換えたものではないかと言った。実際、太志は道場で皇室に言及するときは、八八九九十十を「ややを開きて宮中ととのう」と読んでいたのである。

それを聞いていた献灯会会長の森岡が、遠慮がちに口を開いた。

「でも、その意味だとすると、宮中でお祀りを行えば済むわけで、われわれ庶民が人生の指針として仰ぐ必要はないということになりはしないだろうか」

「確かにそうですな、庶民への指針とみるなら、岡本天明のヒフミ神示に載っていた解釈を援用してはどうでしょうかな」と木場利一が応えて言った。

木場の意見によると、「八から九に入る」とは、人民の岩戸開き、すなわち身心霊の向上を示唆しているという。われわれの身性も心性も霊性も、八次元から九次元へ、さらに十次元へと次元が上昇していく時を迎えているのだから、それに備えよという意味だという。

この世におけるわれわれの任務は、神々の伝言を受けそれに沿って身心霊を磨き、高次元に進んでいくことである。それは死後の世界の旅路の模様を語っているのではなく、この世自体の次元上昇を物語っているのではないか、と木場は多少保留を残しながらも言葉を継いだ。

「うーん、ヒフミ神示による解釈はユニークだが、僕は最近調べているカタカムナのほうにひかれますね」と言い出したのは、森岡であった。森岡は、六芒星や古代文字などの象徴記号を研究するのが趣味であった。

カタカムナは、電気工学者の楢崎皐月《こうげつ》が超古代の日本の思想を八十種の歌にまとめた文献で、終戦直後に六甲の岩山に住む猟師の老人から教えてもらったとされている。八鏡文字という不思議な形の文字で記されていた巻物を、楢崎が老人から借りて写しとったとされ、超古代史の好事家は昭和四十年代に出版されたカタカムナ文献を、旧事記やホツマツタヱと並べて熱心に研究していたのである。

「八鏡文字は、このように円の上の丸の位置と十字の組み合わせでできている。そしてヒフミヨイムナヤは、一つの円上に示されており、十字の交点がトとされている。平面的な

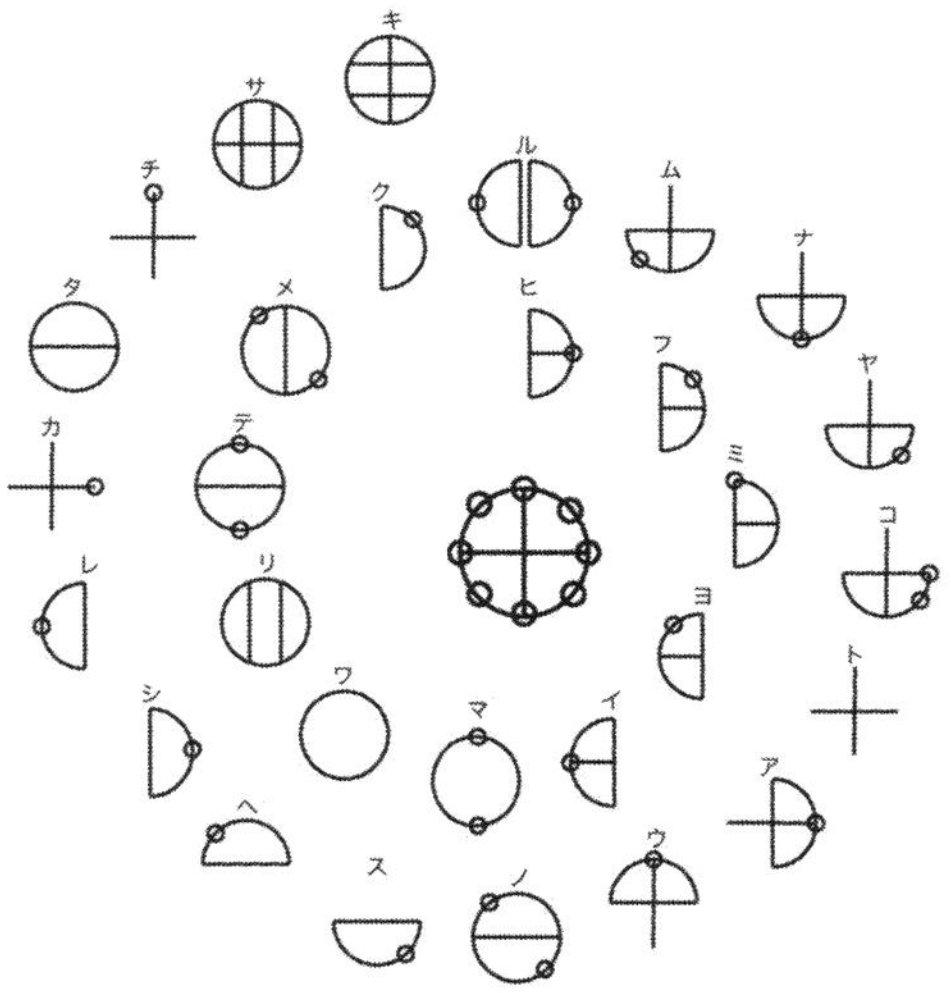

カタカムナ文字

円で書かれているが、実際は立体の球とイメージしてもらった方がいいでしょうね」

森岡は紙の上に図像を描きながら説明していったが、彼の話によると、この世の現象界は、一から八までの数字で表現することができ、九は霊界、十は神界をあらわす数字であるという。そして、現象界と潜象界（霊界、神界）はお互いに響きあい、写しあい、影響を及ぼしあっているという。

だから、「八八を開きて九九《ここ》十十《とと》のふ」というのは、霊界、神界の写し鏡であるこの世のあらゆる出来事を、災難も含めて神々の伝言としてありがたく受け止め、真摯に受け入れて対処していくと、祖霊の住む霊界や高貴な神々の住む神界も調っていくという意味になる。

　また逆に、乱れた霊界や神界が調っていくように皆で祈ると、自然とこの世も調和の取れた姿を回復するということになる。「十十のふ九九八八を開きて」というのは、その意味だという。


「それからね、八八は掛け算で六十四、つまり易の卦と同じ数だから、この世の現象界の変化を示している。九九は八十一で、霊界の法則を示す三六九《みろく》の魔法陣と同じ数ですね。そして十と十を掛けると、完全数の百になるから、完全な神界の様相を表しているとみることができるでしょう。とすると、現界と霊界と神界が相互に写し鏡となって八から十へ、十から八へと影響を及ぼし合っていることを示唆しているというふうに解釈できるのではないだろうか？」

　易学と魔法陣も研究していた森岡は勢いづき、ここぞとばかり日頃の信念を開陳した。

　むろん霊界も神界も一枚岩ではなく、それぞれ八十一層、百層の区分に分かれているという。

来訪者に授与した魔法陣の護符

「それは、実に面白い見方ですな。太志命先生も、道場を訪れる人に三方の魔法陣を護符として授けていますよ。九方陣を圧縮すると、三方陣になりますな」

　山路沢太が感心した表情で言った。さすが古代史の研究をしている長老の森岡会長だけあるなと思い、腕時計に眼をやりながら今日の議論のとりまとめにかかった。

「これで、三つの見方がそろったわけだけど、いずれも間違いとは言いかねますね。優劣つけがたいが、ヒフミ神示は八通りに解釈できるそうだから、その見解を拝借すると、八八九九十十もあと五通りの解釈がありうるということになりますね。

　たとえば、日本の宝はお米ですが、米という漢字から八八をとると、十字が現れ上下左右がととのいますな。これも一つの解釈でしょうが、まあ、結論は急がないでおきましょう。今後の座談会で新解釈が出てくるのを期待したいですな」

　座談会はここで終わり、あとは恒例の直会《なおらい》に移っていった。地酒を呑みながら雑談する楽しみが、皆が集まってくる最大の理由であった。座談会というより雑談会と呼んだ方がよかったかもしれない。

古代丹波からの仕組みと太志命、伴侶との出会い

農林漁業を生業《なりわい》とする磯部町の人たちは、伊雑の宮の年間行事を中心として動いていた。信仰篤い町民は御田植祭や漁民の後祭、秋祭りと元旦の準備をしたり、灯籠を立てたり、あるいは郷土の研究をしたり活発に動いていたが、お宮の前にある神武参剣道場の中はいたって静かであった。

小泉太志命は、ほとんど道場の外に出ず、日夜霊剣の奉斎に集中していた。

朝四時に目覚めれば、まず床の中で足腰を動かす健康法、終われば美しく床を調えて身支度をし、一階の道場に向かう。さっそく剣祓いの神業を始め、禊と拝神を行い、十一時の朝食まで水一滴も口にしなかった。午後は、読書と瞑想、夕食は六時半と決まっており、一日二食の生活であった。

普段は黒紋付きの羽織、袴で正座し、応対していた。道場の祝祭日には、陣羽織を着こ

み、必ず手を浄め、口を漱《すす》いでから皆の前に姿を現していた。

　道場の二階には、太志命が読破した書物がうずたかく積まれていた。彼は、書物を手にしただけでその内容をすぐ読み取ることができたから、万巻の書に眼を通すことができた。蔵書の中心は、川面凡児先生や今泉定助先生の主要な著書であり、川面の『天照大神宮』、『憲法宮』、「古典講義録』や今泉の『国体原理』、『皇道論叢』、『大嘗祭の精神』の初版本も道場に保管されている。その他『三輪叢書』、『古法式幽斎記録撰』、『倭言霊学真髄』、『勢陽五鈴遺響』などの古書もある。

読書中の太志命

　二階は神理《みち》を究める文の間、一階は霊剣を振る武の間——文武両道は、終生変わることのない彼の日常であった。

　ところが、昭和三十七年秋に、それまでほとんど道場を出なかった太志命が活発に動き始めた。丹波と美濃を回る十日間の旅が急に始まったのである。それは、その年の一月二十一日、丹波からやってきたある女性との出会いから始まった。

池畑澄子と名乗る丹波の女性が紹介を受けて道場にやってきたのである。その時は他にも何人かいたが、刀と剣の違い、神ながらの道や九字神法など三時間ほど話をしたことがあった。


澄子の実家の池畑家は、丹波氷上郡柏原《かいばら》町で代々製茶卸問屋と呉服商を営む裕福な家系であった。

澄子は昭和四年に池畑栄治の次女として生まれたが、どういうわけか十年間に妹弟など縁者六人が次々死亡するという不幸に一家は見舞われていた。不運から逃れようと、池畑家は新興宗教に近づき、いろいろな霊能者に見てもらうなどしていたが、一向に事態は改善しなかった。

年頃になった池畑澄子は、周りからせかされて一度は歯科医に嫁いだがやがて離婚し、その後は一人で白衣を抱えてご神示のまま神社をあちらこちらと参拝する日々を過ごしていた。太志命に出会ったのは、こんな心の落ち着かない不安定な状況のときであった。

太志命の話を聞いた澄子は深く感銘を受け、本格的に行に入ることを決意する。それはつぎの四つの行であった。

一、一日四十巻の祓い詞と三百巻の大祓い祝詞を奏上すること
二、朝夕水行を十五杯ずつ浴びること
三、魚肉一切口にしないこと
四、正午に産土神社の拝殿にて中臣家鎮魂帰神法を仕えること

大祓い祝詞を三百巻あげるだけでも、八時間以上かかる作業である。喉は嗄れ、足はしびれ、倒れそうになりながらも真剣に深夜まで続けた。

そのような修行の日々を送っていた秋のある日、澄子は小泉太志命から一枚の葉書を受け取ることとなる。それは、九月八日に丹波一の宮に参拝するので、その機会に池畑家を訪問したいという内容であった。

大変立派な先生が丹波にお出でになると聞いた池畑家は、すぐに台所を突貫工事で仕上げ、赤松の材を用いてつくった新築二年目の「松の間」で小泉太志命を迎えた。

小泉は九月八日、九日、十日と丹波の国を巡り、池畑家一家もお供をした。丹波入船山

の産土神社から福知山、丹後籠《この》神社、天橋立、出石一の宮、綾部、亀岡、篠山へとお詣りした。その間、毎晩、日本の国柄や御皇室について、伊勢神宮と丹波元伊勢の関係や丹波の仕組みについて、また池畑家の使命についてお話をうかがった。

三泊四日の丹波修祓が終わり、九月十一日は美濃の一の宮、南宮《なんぐう》神社にお立ちよりになり、その後帰省されるということだったので、澄子だけが見送りのため同行した。その同行の旅路で二人はお互いに急に引き寄せられることになる。

池畑澄子は、自身の魂が求める御方との深い出会いを求めていたので、意を決し、両親の了解を得て、九月十六日、急きょ、南宮神社にて祝言をあげる運びとなった。太志命五十四歳、澄子三十三歳の結婚であった。

それ以来、澄子は三十年近く太志命に仕え、早朝から深夜まで神業を手伝い、その没後も道場を訪れる人々に応対する日々を重ねている。

二人の不思議な巡り合わせについては、川梅旅館の息子の山路啓雄が思い出話を残している。

「大先生と初めて伊勢神宮の越年参りにお供をさせていただいた時のことだった。参拝後、赤福本店で赤福を食べながら、大先生がしみじみと私に、『私には妻となる人が必ず用意されています。もし、その人と巡り合わなければ神業が完成しない』と言われました。私は大先生にその女性はどのようなお方ですかとお尋ねしますと、『まず、若くて美人で、君とそう年齢の変わらない女性です。読み書き、お茶、お花、和裁、洋裁、編み物、料理、お琴、謡曲、日舞、ダンス何でもできて、人の師範となれる女性であります』といわれ、私は唖然とした。

なんぼ偉い先生でもあまりにも厚かましいと思った……」

赤福での二人の会話は、太志命が澄子と出会う年の元旦の出来事であった。そのときすでに太志命は、神業を手助けしてくれる伴侶の現れることを予見していたにちがいない。

夫婦になったといっても、二人の間にどうでもよい世間話は一切なかった。茶の間に座っているときも、澄子は天下国家の話と昭和の御代にめぐり合わせた有りがたさを諄々《じゅんじゅん》と聞かされた。太志命は、昔気質《かたぎ》の武士のような性格であったから、妻を喜ばせるような話の仕方を知らなかったのである。

二人は、世間一般の夫婦ではなく、それを超えた霊的な役目を持つカップルだったのだ。今風に言えば、ツイン・ソウル（双子の魂）ということになろうか。ツイン・ソウルは動かしようのない前世からの約束事でもあったのだ。その間の事情を知るには、古代の丹波の仕組みまでさかのぼらなければならない。

第五章

親、先祖から
宇宙の祖神《おやがみ》までの連鎖
（多重のミオヤ）

古代より出雲族が支配していた地・丹波の霊的な仕組み

小泉太志命は、立命館で教えていたとき、丹波出身の中川小十郎総長から丹波の土地柄についてある依頼を受けたことがある。小泉なら、その霊的な背景を教えてくれるだろうと中川は思ったのだ。

「丹波という国は、実に不思議なところですなあ。酒呑《しゅてん》童子から始まって、足利尊氏、明智光秀、出口王仁三郎など、丹波を拠点に時の権力に弓を引く形になっているのはなぜですかね。その謎を究明していただけませんか」

中川自身も、丹波の馬路村《うまじむら》（亀岡盆地の北部）の出身で、彼の養父武平太も、実父の禄左衛門も、若き日の西園寺公望が新政府軍の山陰道鎮撫総督として東征するとき、隊長として従軍していた。西園寺が中川小十郎を秘書としてとりたてたのは、その時の縁《えにし》を感じたからでもあった。

中川総長にそういわれてみると、確かに、大江山の洞窟に棲んでいた酒呑童子は平安京を度々荒らしまわり、足利尊氏は、丹波の国篠村八幡宮（京都府亀岡）で挙兵して鎌倉幕府の六波羅探題を滅ぼした。

本能寺で織田信長を急襲した明智光秀も丹波の国亀山城から出撃し、その亀山城の跡地に本拠を置いていた大本教の出口王仁三郎は昭和十年に不敬罪の容疑で京都府警に踏み込まれ、神殿をすべて破壊されてしまったのであった。

出雲大神宮の磐座（元出雲）

小泉が文献を調べてみると、どうやら古代に出雲族の支配する大丹波王国があったことがみえてきた。その大丹波王国の中心は、「元出雲」と称される出雲大神宮であった。出雲大神宮はあまり有名ではないが、今も京都府亀岡にある。現在の出雲大社は、この出雲大神宮のご分霊をいただき、それに伴い従前の杵《き》

大丹波地域

築《づき》大社の名称を変更したものである。

　大丹波王国は、和銅六年（七一三）に丹後と丹波に分割されたが、出雲族が支配していた古代の大丹波王国の勢力範囲は、さらに広く但馬、若狭、近江、山城から大和にまで及んでいた。丹波はタニハと訓読みされ、丹後はタニハノミチノシリと呼ばれていた。

　最初に丹波に進出した天孫族は、アマテラスの孫にあたるホアカリであることは、古事記や海部氏勘注系図から明らかである。同時期にホアカリの弟ニニギは、外敵の侵入に備えるため九州に派遣されていた。

　そして、ホアカリの三世孫にあたるヤマトスクネが大和に入り、のちに同じ天孫族の神武が東征したときその道案内をすることになる。ヤマトスクネの子孫は、海部という姓を与えられ、代々、籠神社の宮司をしていることなどがわかってきた。

　このように丹波は、出雲族から天孫族に支配が移る長い歴史があり、また日本海側に良港をもち、ヒスイや鉄器、絹織物などの交易で非常に栄えていたので、丹波勢力は重要視されていた。

　崇神天皇の頃は、四道将軍の一人、丹波道主の命を派遣して住民の制圧にあたらせ、あとを継いだ垂仁天皇は、丹波道主の貞淑な五人の娘を後宮の妃とした。また、垂仁天皇からアマテラスの御霊器《みたまげ》の鏡を預かった倭姫は、安置する聖所を探そうと丹波の地を巡行し数年間滞在したことがあり、その地は今も元伊勢として崇敬を集めている。


　しかし、ホアカリが丹波に入るまでは出雲族の支配する要衝であったので、制圧されたのちもずっと出雲族の不満と怨念が充満していたようである。

　例えば、日本書紀には、崇神天皇の二十三年に出雲の御霊が祀られていないという恨みを物語る見逃せない記事がある。

「丹波の氷上の人、名はヒカトベ」という者が皇太子時代の垂仁天皇に会い、出雲の神の御霊の宿る鏡が祀られないまま水底に沈んでいるという託宣があったことを報告、早速皇太子は朝廷の許可を取りつけ、これを引き上げて祀らせたという記事がある。朝廷も出雲の神をないがしろにすることはできなかったのだ。

どうやら、出雲系の先住民のいた丹波には大和の支配を不満とする者が多く、丹波を征服した朝廷もこれを無視できず、たびたび教化と懐柔につとめていたようである。倭姫が長期にわたって丹波を巡行したのも、アマテラスの御霊と出雲の御霊を融和させるという目的があったのではないかと思われる。

そして、丹波はタタラ製鉄が盛んで、鉄器を用いた農耕を早くから始めていたので、その強大な食料生産力（トヨケ）を持つ裕福な丹波を懐柔し取り込もうとする動きは続けられていく。それは外宮と内宮の関係をみると一層明らかになる。

ご承知のように、いま伊勢の外宮にはトヨケ（豊受）大神が祀られているが、それはもともと丹波の神を勧請したものであった。外宮の社伝『止由気宮《とゆけぐう》儀式帳』によると、雄略天皇の夢の中に天照大神が現れ、「私一人では寂しく、心安らかに食事もとれないからトヨケ大神を呼んでほしい」とのご神託を受けたので、伊勢に迎え入れたという。

だが、あの暴虐な雄略天皇に夢告を受けるほどの霊的素質があったとは思えない。雄略天皇が、天照大神と同質の高貴な霊性を保有していたとはとても想像できないのである。やはり、丹波は、荒々しい雄略天皇も手を下せないほど執拗に反抗していたので、やむなくトヨケ大神を招いて融和を図ったというのが真相ではないだろうか。

日月神示の神は「丹波は出雲世界の中心」と宣言していた！

伊勢と丹波は、このように支配と服従、懐柔と離反の複雑な歴史の因縁があったとみてよい。両者の融和と協力が成ったとき、大和の国は順調に伸びていくことになる。ちなみに、岡本天明が自動書記をした『日月神示』にも、丹波について重大な託宣が降りている。

「タンバはタニハ、田庭とは日の本の国ぞ、世界の事ぞ。タンバとは、タンバイチとは世界の中心と云ふ事ぞ、日の本と云ふ事ぞ。キミの国ぞ、扶桑の国ぞ、地場ぞ、判りたか。地場を固めなならんぞ」

日月神示で降りてきた神は、古代の出雲系の神と見られるが、丹波は意外にも出雲世界の中心と宣言していたのである。出雲の国よりも古い「元出雲」の丹波の国が大元の発祥の地であったのであろう。

ところで、これに関連するが、宇治山田高校の裏手に、飛《とび》の社《やしろ》という小祠がある。ちょうど運動場のネットの真後ろにあたる。

南北朝時代に、檜垣常昌《ひがきつねよし》という偉大な神通力をもつ宮司がいて、外宮に四十八年間奉仕し、外宮の長官として最期の祭典を行った際、七十七歳であったが、立ったまま昇天していったという。空中飛行しながら神去っていったのである。そのとき頭に着けていた冠が落ちてきたこの地に、飛の社を建立したと社《やしろ》の碑文は記録している。

飛《とび》の社

この外宮宮司の教えは「人は正《す》直《なお》と清浄《きよまり》を護るべし。その要は祓いにあり」と徹底的な祓いを説いていた。これは、外宮のトヨケ（豊受）大神の教えをそのまま引き継いだものではないかと思われる。

というのも、三輪神社の神官、オオ・タタネコが景行天皇に献上したホツマツタヱによれば、外宮に祀られているトヨケ大神は、ミソギと祓いに徹したすぐれた指導者で、天照大神の母イザナミの父に当たり、幼少期の天照大神に帝王学を教育したとされている。

それはととのえやわす「トの教え」というものであった。正直《すなお》と清浄《きよまり》の徹底を通じてわが心身霊をととのえ、対立する周りの物事をやわして社会をととのえていくことが大事であると指導したのである。武力は、最後の最後に用いるものと教えていた。

東北に住んでいたトヨケ（豊受）大神は、晩年は交易の要衝丹波に赴き、その地を開拓し、農耕を教え、最期は真名井原の洞窟に身を隠したとされている。そして、死期を悟った天照大神は、トヨケの遺徳をしのび、その近くの洞窟に籠ってみまかったとされている。

ホツマによれば、トヨケ大神は、単に天照大神に御饌《みけ》を捧げる神ではなく、幼少期から天照大神を養育していた偉大な霊覚者なのであった。だからこそ、伊勢に御霊を遷された天照大神は再びトヨケ大神のお傍にいたいと願って、丹波の地から御霊《みたま》を勧請することを求めたのではないだろうか。単に日々の御饌を担当する神なら、偉大なトヨケ大神でなくてもよかったはずである。

池畑澄子の実家の池畑家は、丹波の氷上郡柏原町に代々住んでおり、近くの入船山のふもとにある柏原《かいばら》八幡宮の氏子総代を務めていた。

八幡宮の社伝によると、七世紀にスサノヲ尊を奉祀したことに始まり、その後十一世紀、後一条天皇の御代に入船山の周辺三か所から霊泉が湧きでて数多くの病人を救ったので、勅意により京都の石清水八幡宮よりご分霊を勧請したという。

毎年二月十七日深夜に行われる厄除け神事は日本最古の遺風を伝え、今日も、厄除けの霊験をもとめて全国から参拝者が訪れている。

澄子の父、池畑栄治と

池畑家を訪れた小泉は、同家のある場所は、八幡宮の創建されるはるか前の太古には入船山の地主神の斎場であったことを霊視した。そこで、永く祀られていなかったその地主神に「大蔵福徳大神」と御名を贈り、朝晩に祀るようにさせた。

その時以来、池畑家の災難はぱたりと止み、福運に恵まれるようになったことを一族は感謝している。地主神も、丁寧に祀られることによって、冥加《みょうが》を与えてくださるのである。

地主神というのは、その土地の固有の波動をもって住む人に精妙な響きを与え続けている聖なる能《はたら》きのことである。住んでいる土地によって荒々しい響きから精妙な響きまで、ケガレチからイヤシロチまで、能《はたら》きが異なるのである。


太志命は、池畑家のなかに古代出雲族の御霊を見出し、伊勢の御霊たる小泉の使命は、池畑との融和、婚姻を通じて果たされることを直感したのではないだろうか。池畑家を訪れてからわずか八日後に、二人は電撃結婚することになった。

それは、天の磐門に棲む金龍と丹波の真名井に棲む銀龍が引き合い、和合した姿であったといえよう。孤独な行を続ける二頭の龍がお互いを思い出し、和睦したのであった。三千年ぶりに、今生において、ふたたび出雲と伊勢の御霊が結びついたのである。

こうしてタニハの「地場」も固められたのであった。

小泉が説いたのはミオヤの心（親子の関係で宇宙につなぐ）

美人の若奥様が参剣道場にお輿入れになったという事件は、たちまち狭い磯部町の話題をさらった。平穏な町の住民たちは事件に飢えていたのである。

婦人たちは、買い物に出かける若奥様を物珍し気に見つめ、口さがない旦那たちは、「大先生もヤキが回ったね」とか「先生もやっぱり神様ではなく人間だったなあ」と評して酒のさかなにしていた。若奥様に追い出された格好の老女の白龍さんに同情をよせるものもいた。

しかし、若奥様のおかげで、道場を訪れようとする人はかえって増えていった。応答や連絡はテキパキとこなし、面会を断る場合はきちんと説明したので、評判が高くなった。

先生よりも若奥様を目当てに道場に来たいという人が多くなった。「読み書き、お茶、お花、洋裁、編み物、料理、お琴、何でもできて、人の師範となれる女性」とはどんな人かと興味津々であった。

だが、結婚のあとも、あいかわらず大先生は、たやすくは会ってくれなかった。

太志命は道場の外で講演することも控えていたので、先生に会いたい人は面会の許可を取って磯部まで出向かねばならなかった。訪問者は私利私欲のないと見られた人に限定されていたが、それにしても実に多彩な人々が訪れ、お目通りがかなわなくても毎月足しげく通った人も少なくなかった。

最初に訪れる人は、まず道場の床板のふき掃除と庭の清掃を命じられたが、みな喜んで奥様の指示に従った。大先生が霊剣奉斎の神業で流した汗を文字通り丁寧にふいていたのである。それが、心の禊と信じていた。おかげで道場の床板はいつも澄み切った鏡のように白い光を放っていた。


やっと面会する機会をいただいても、期待に反して、大先生は、悩みごとや出処進退の相談にたいしては、どうすればよいか具体的に教えようとしなかった。

相談の中身は会う前からわかっていたが、本人が置かれた状況において自分なりに真剣に対処方針を考え抜いてから道場に来ることを求めた。そして、本人の意見に対しては、歩むべき魂の道筋を示唆した。

小泉夫人は、いつも相談に来た人にこう説明していた。

「大先生には報告してもよいが、相談することは一切ご法度です。すべて自分の智慧で考え四方八方に手を尽くして善処せよといわれています」

また、小泉夫人は、道場で聞いた話は決して他人に漏らさないように、と念を押すことを忘れなかった。大先生は、それを厳しく求めていたからである。

「私の話は他言するな、個々の話は門外不出だ。皆の前で話すことも縁があるからあなた方に話しているのだ」

澄子夫人と道場にて

太志命は、一般の人々に対しては、その時の心境にぴったり合った話をわかるように教え導いた。面会できた人は、何も話していないのにまるで心の中を見透かされているような気分を皆感じていた。

太志命の温かい目は、有名人や学者たちよりも、無名の市井の人々に注がれていた。泥にまみれて懸命に生きている街の人々こそ、社会を下から支え、成り立たせ、動かしている原動力と考えていたからだ。

ある訪問者は、回顧録『小泉大先生を偲んで』のなかで次のように証言している。

「大先生と実際にお会いして理屈抜きに大先生の温かさ、厳しさ、とても威厳のある面影が改めて心にあることに気づき、大先生の存在が今の私の生活の支えとなり、前向きに進んでいこうとする力になっています。また、いつも国のため、人類のため、世界平和を願われ、皇室の大事をわがことのように心配されておられたこと、この二つを通して大先生は真に親心であらせられると感じ、確信しました」

「大先生は、他人の子の成長をわが子以上に喜び、親の私に向かって温かいねぎらいの言葉をかけていただきました。『本当に十八年間よく育ててくださってありがとうございました。ご苦労様でした。ありがとう。ありがとう』といわれたときは、温かい親心が心の奥深く流れ込んでそれが全身に広がりました」

それは、一言で言えば、大御親《みおや》心のはたらきといってよいだろう。

先生は、わかりやすく親子の関係で宇宙を説いた。宇宙を親とすると我々は、宇宙親の分け御霊をいただいた小宇宙としての子であり、先祖代々を親とすると、われわれは身体をいただいた子である。先祖をたどっていくと、イザナギ、イザナミの二神に行きつき、さらに地球の親神、星々の親神を経て宇宙の親神に行きつく。

そして、やがてわれわれも親となり、子供を産み育てることになる。いやわが子だけではない、社会に生まれてくる子供たちや出会う人々も親心で接していくことが親たる条件である。自分の幸せよりも出会う人々、皆の幸せを先にするという思い、それは、観念的な「博愛」、「隣人愛」を超えた止むにやまれぬ「親心」なのである。

考えてみると、われわれが生きているのは「基本的人権」なるものを生来持っているからではない。われわれは遠い遠い昔からのご先祖や神々のおかげで生まれ、生かされているのである。その恩愛を思い起こし、忘れないでいることを民族の習慣としてきたのであった。

親子の親密な関係を頭で論理的に考えるだけでは地球や宇宙の親神と一つになることはできない。一つになる近道は心の底からまず先祖代々のミオヤ心に感謝をすること、祖霊を祀り、感謝と奉仕の誠を捧げることを通じて、はるかなる地球と宇宙の祖神《おやがみ》にいたることができる。そうすれば宇宙のオオミオヤから大いなる霊徳《みいづ》が自ずと注がれてくるのである。

それを集大成し、代表して現してきたのが、皇室の皇霊祭であるとみてよいだろう。われわれも皇室に倣い、祖霊祭をおろそかにせず、感謝の誠をささげる必要があるのではないだろうか。

八八を「家祖《やや》」とみるなら、「家祖《やや》をひらく」とは、多重の遠つミオヤに日々感謝と奉仕の誠をささげることであろう、それによってここ（九九）が調っていくのである。ここは、宮中ばかりでなく、わが家の「いまここ」も意味している。

また、逆に「いまここ」が調っていけば、さらなるご先祖の家祖《やや》も開かれていくのである。閉じられていたイザナギ、イザナミの親心が開き、大いなる福徳を注いでくれるはずである。

究極の「親心」を持って一日三万三千回の剣を振る

太志命が道場で皆の前に姿を現すのは、年に四回だけであった。

元旦と建国記念の日と誕生日（八月三十日）、それに伊雑の宮の祭典に合わせた調献祭（十月二十五日）の時だけだった。しかし、その際も祭事は行わず、二時間ほど話すばかりであった。

あるとき道場で、太志命は愛について語ったことがある。愛には四つの型があると説明し、黒板に書いて見せた。

一　相手から助けを求められ、助けてあげて感謝される愛
二　相手から助けを求められずに助けてあげて感謝される愛
三　相手から助けを求められずに助けてあげて、あとで気づかれて感謝される愛
四　相手から助けを求められずに助けてあげて、しかも相手には自分が助けてもらったとは気づかせない愛

最後の四番目の愛が、究極の「親心」なのであろう。

究極の親心を持っていた太志命は、こう述べている。

「人類や地球が気になって心配で、寝ても覚めても、いてもたってもどうにもならないのです。だから、下ただ一人の道を、命捧げて黙ってふみ行っているのです」

止むにやまれぬ親心というべきか、手を抜くことができない、抑えようのない情熱をもって、太志命は参剣《みつるぎ》を振りつづけた。それによって宇宙につながる皇室の御柱を支障なく確立し、その周りに人びとの活動を結び固め調えようとした。このため一日も欠かさず参《み》剣《つるぎ》に生きる神業を実践した。

太志命のいう「参剣《みつるぎ》」は、「祓いの剣」、「結び固めの剣」、「芽出しの剣」の三つよりなっている。「祓いの剣」は、邪気邪霊を徹底的に祓い浄めること、「結び固めの剣」は対立するものが一つに和合するように結びかためること。そして「芽出しの剣」とは地上に新しい生命が生まれてくるように、神剣の芽を振って伸びさせていくことである。

太志命の剣は単に邪気邪霊を祓うにとどまらず、新しい時代を切り開く異能の子供たちが次々に生まれてくることを願っての神剣でもあった。彼が一日三万三千回剣を振るたびに、地球と宇宙の調和を図る大使命を持った三万三千人の子供たちが生まれ出てくるのである。

「道場は、毎日が元旦であり、道場に休日はない。世界の子供たちがみんな待っているから、どんどん芽出しの霊体《みいづ》を振りこんでおかなければ」

といって、太志命は奉剣の行事にいそしんだ。

それは飛んでくるミサイルを手を動かすだけで自爆させ、あるいは元の発射地点に方向転換させるような異能の子供たちであるだろう。そういう平和の使徒がたくさん生まれてくることを祈りながら、太志命は神剣を振りつづけた。

思うに、対立と混乱の絶えなかった戦前は、「祓い浄め」と「結び固め」に重点が置かれていたが、晩年、世の中が落ち着いたころはさらに「芽出し」へと奉剣の軸足が移行していったのであろう。

道場にある「一剣萬生」の額装の下に、叡智の神さまフクロウがたくさんの卵を産む置物が置かれている。奉剣するごとに、すぐれた叡智をもった子供たちが世界中に生まれ出

叡智の卵を産む萬生の一剣

てくるのである。

「親としての自分が変われば、人も変わります」

「人が悪いのではない、親としての自分が至らないのです」

「親ですから、みな親子なんですから」

と大先生は、道場を訪れる普通の人々にわかりやすく説いていた。

宇宙親と一つになって、一切を産み、育て発展させていくのが親たる人間の務めである。「宇宙尊きがゆえに吾尊し、吾尊きがゆえに宇宙尊し」という自覚に立つように求めつづけた。

この親心と並んで、強調していたのは、「生き通し」ということだった。

「人間は決して死ぬものではない。生き通しのいのちなのだから。神様の世界にもっていけるものは、その人の積んだ徳だけなんだよ。この世の財産も地位も名誉も、神様の世界から見るとままごと遊びの野菊の勲章みたいなものだ」

「生き通し」というのは、幕末の神道家、黒住宗忠《くろずみむねただ》が言語化した新しい実存のありかたであったが、太志命はその動的な位相を解き明かしている。

その生き通しの世界は、じっと静止しているものではなく、たえず愛相合の三つの過程を繰り返していると説いたのである。生き通しの大宇宙《おおみそら》は、愛の中心より生まれ、それが二つの相対に分かれ、最後に再び結合するという過程を毎瞬、毎瞬繰り返している。

それを「宇宙は、愛心《あいしん》より発して、相心《そうしん》と分かれ結びて、やがて合心《ごうしん》となりたるものなり」と表現した。これを道場の祭典では、「アイ、アイ、アイ（愛、相、合）」とつづめて唱えている。

この愛相合は、宇宙の造化三神のはたらきを別の言葉で表したものではないだろうか。アマノミナカヌシは、絶対無のはたらき、何もないように見えるが、すべてを包み、すべてを産みなす中心の愛のはたらき、そこから左旋回で上昇、拡散するタカミムスヒと右旋回で下降、収縮するカムミムスヒのはたらきが分かれ、やがてこの三神のはたらきが合して、現象界の宇宙が生まれ、万物が生成されることになる。

それは、もっと簡単につづめて言うと、「ヒフミ」のはたらきといってよいであろう。始原のヒから、内在する力の均衡の破れによって拡大のフと収縮のミという相反するはたらきがうまれ、たちまち「ヒフミ」として三位一体の造化のはたらきを始めるのである。

それは、量子物理学の南部陽一郎博士の発見した「自発的対称性の破れ」に似ている。宇宙は、ユダヤ・キリスト教の教えるように外からの力で超越的に創られたのではなく、原初の中心に内在する力の均衡の破れにより自発的、内発的になりなって生まれてきたものなのである。それが、古事記の造化三神である。

こうして「なりなりてなった」造化三神のはたらきにより現象界が生まれた後は、イザナギ、イザナミ二神の陰陽のはたらきにより、万物、万人、万霊がうまれ、ヨイムナと修理固成し、最後のヤの段階でそれぞれの使命を果たして、コの霊界、トの神界へと還っていく。そうしてまた、時と処と位を得て、ヒフミと合し、現象界に誕生してくる。

そのありがたい生き通しの過程を、「ヒフミヨイムナヤコト、トコヤナムイヨミフヒ」と表し、道場の祭典で唱えている。

ちなみに、俳優の夏八木勲は熱心に道場に通った一人であったが、大先生から生き通しの意味について根本的なことを示唆され、抑圧されていた自分を取りもどすことができた、と喜びの声を記念文集に記している。

「ありのままの、生来自分に備わっているものをゆがめず、損なわずに生きてゆけ！周囲の小さなことどもに煩わされずに与えられた己の生を力いっぱい自信を持って生きてゆけ！

そのためにこそお前は生まれてきたのだから！

大先生のお言葉は、確かにこの僕に、僕の魂に呼び掛けてくださいました」

夏八木勲

求道者であった夏八木は、奥多摩の笹目秀和老人の指導を受け台湾道院の瞑想修法を行ったことがあったが、それに飽き足らず、ついに伊雑において生きる意味を感得したのであった。自信を持って生き通しの生を送ることを学んだのであった。

体得、体認、体察、「体から入る」はもはやわからなくなった（文字の公害）

庶民に対して温かい眼を向けていた太志命は、世の学者や知識人に対しては、まことに辛辣であった。

昭和六十二年の建国記念の日、祝賀に参上した人たちの前で、強い調子で語ったことがある。学者たちの多くはまだ、科学的根拠がないといって建国記念の日の制定に反対していたころである。

「世の学者たちは文化の先頭に立ち、担っていくはずなのに、あまりにも狭い視野で思い上がり、文化に対して無責任、無自覚である。学者は濁りを取って、『覚者』にならなければならない」

学者たちは、実証主義、科学主義と称して、視覚と知性で確認されたものだけを意味あるものと考え、感性や霊性から導き出された叡智を無視しようとしている。古代の叡智を豊かに含んでいるはずの伝統文化を軽視しようとしている。しかし、それはひとつの実証信仰、科学信仰にすぎず、真理の全体をつかむことはできないと厳しく批判した。また、こうも言った。

建国記念の日を制定した有田喜一文部大臣と

「現代はあまりにも文字の公害にさらされている。学者や知識人たちは、文字を金科玉条のものとしている」

「学者はだめだ。頭でなく心で考えなくては」

文字というものは、真理そのものではなく、ある真理を指し示すものとして発明されたはずである。月を指し示す指に似ているが、いつのまにか指だけを見て月を見たと錯覚する風潮になってきた。新聞記者や評論家、学者など文字を操ることに巧みなものが、法外な影響力を持つ世の中になってきた。

眼に見える世界は、眼に見えない真実の世界に裏打ちされ、支えられ、成り立っているにもかかわらず、彼らは眼に見えないから、文字に書けないからといって切り捨ててしまうのである。

眼に見えないものしか映さないテレビが普及していけば、ますますその傾向は強まるだろうと太志命は危惧していた。

川面凡児先生は、「文字や頭から神に入ってはならない。体から神に入れ」と戒めておられた。頭から入ると、真理を限定することになり、真理のごく一部しか見えなくなる。聖なるものは、皮膚から、脊髄から、腸から入れと指導しておられたのである。

ところが、戦後は、急速にアメリカナイズされたため、その感覚が忘れられ、文字から、頭から入ることが主流となってしまった。学者たちは、体から入るとはどういうことか、まったくわからなくなっていた。「体得」、「体認」、「体察」したものを、的確に文字に落とすことができなくなっていた。

他方で、世の学者や有名人と呼ばれる人たちは決して参剣道場に寄りつこうとしなかっ

藤波孝生

た。隠れた右翼の総元締めと見られた太志命に近づくと、名声に傷がつくと警戒していたのである。有名人としては、わずかに藤波孝生と角川春樹が近づいたくらいであった。
　三重県選出の衆議院議員、藤波孝生は中学時代の親友、山路啓雄の紹介で小泉に会い、「伊勢から日本政界への使者に立て」と激励されたことがある。それ以来、帰省するたびに道場に通い、助言を受けていた。藤波が官房長官のころ、昭和天皇は太志命の消息について何度か尋ねたことがあったという。
　藤波は、内宮の荒木田神主の末裔であったが、その血筋を引いたのか、早稲田在学中は「神さま」とあだ名されるほど謙虚で寡黙であった。その代表作の俳句「控えめに　生くる幸せ　根深汁」は彼の性格を的確に物語っている。
　角川書店の角川春樹社長（当時）も十三年間毎月道場に通った常連の一人であった。彼は、昭和六十三年に伊雑の宮において「岩戸開き」を目撃し、翌年「北極紫微宮の霊光が串路となって胸を貫く」のを体験したと、『小泉大先生を偲ぶ』の中で記している。角川は、軽井沢に独自の社殿を建てており、「大先生の偉業の何分の一か」を受け継ごうと決心していた。

彼は、「黒き蝶　ゴッホの耳を　そぎにくる」といった鋭敏な感覚の俳句を詠っているが、前衛俳人らしく読者によくわからない凝縮した言葉を組み合わせるのが特技であったようだ。

太志命は、世の宗教団体に対してもきわめて辛辣であった。

彼の名声を利用しようとする新興宗教の教祖たちに心を許すことはなかったが、奈良の鏡玉《かがみたま》教会など限られた関係者だけは、喜んで毎月会っていた。鏡玉教会は三輪山の大神の啓示を受けた奈良の霊能者が開いたものであった。

昭和三十五年のこと、奈良市の鏡玉教会の信徒たちが天の岩戸で水行をし、そのあと川梅旅館の山路沢太の紹介で道場を訪れたことがある。

先生は、一行の純粋な信仰に心を打たれたのか、「大和から金の鵄《とび》が飛んできた。待っていたぞ」と歓迎した。後に鏡玉神社として発足するに際し、先生は、次のように諭している。

「教会は、常に信者の願いや欲の埃が出る場所となるから、浄め祓いが大切です。少しでも我欲を持つことは神を犯すことになり、そこに争いが生じ、破滅をきたします。役員一同よくよく心得なさい。商売気のある、金もうけ主義の神社仏閣が多い最近は実に嘆かわしい。常に浄め祓いを忘れずに」

社寺や教会は、信者の願いや欲念が特に集中する場所である。それは、集合的な邪欲として固まり、一種の粗い波動を出しているから、見る人がみればすぐわかるのである。そういうところにいけば、浄められるどころか、かえって邪欲に憑依されるはずである。

太志命は、宗教団体を作ろうとはしなかった。彼の道は、「上ご一人、下ひとり」の孤独な道であった。しかし、必要なものは必要な時に必要なだけ入ってきたから、生活には困らなかった。夫人と二人の生活は、つましく倹約すれば困ることはなかった。

「御剣《みつるぎ》は、生まれてこの方ただの一度も自分のことを神様にお願いしたことはないんだよ」

太志命は神様にお願いしたことはなかったが、わざわざ辺鄙な道場を訪れようとする人は神様に何かを求めてやってきた。中には、大金を持参してきたものもいた。有名な逸話がある。

道場が建つ前の話であるが、児玉誉士夫（元独立青年社主）がトランク一杯の札束をもってやってきたことがあった。児玉とは、昭和十年ごろ今泉定助先生の皇道会で知り合った仲であったが、資金の出所を見破った先生は、「こんな汚い金は受けとれるか。とっとと帰れ」と言って追い払ったという。児玉は満州で軍用の金銀、プラチナなど隠匿物質を横流しして大いに儲けていたのである。

宗教組織を作ろうとしなかった太志命にとって、有り余るお金は、必要ないばかりか、有害ですらあった。組織を作ると、組織維持のための資金集めと権力闘争が次の目標となってしまうのである。世の宗教団体が逃れられない悲しい定めである。

北極紫微宮と三神の働き、アイ、アイ、アイ（愛、相、合）

神武参剣道場には、磯部町の外から入れかわり立ちかわり人が訪れていたが、山路沢太が主催する郷土座談会は、あいかわらずほぼ同じ顔ぶれで開催されていた。

磯部町の住民にとって若奥様の出現は波紋を呼ぶ一大事件であったが、日月がたち若奥様に慣れ親しんだ頃の秋の夕刻、四人のメンバーが川梅旅館の二階に集まった。

この日は、天之磐門顕正奉賛会会長の浜田兼吉が伊雑の宮の祭祀について長々と発表した。奉賛会の事務局は、参剣道場に置かれていた。

浜田は、伊雑の宮の重要性に気づき、昭和十四年に静岡県島田市から移住してきた新参者であった。シダの編み籠などを販売して生活していたが、霊感の強い人物で、『四季志摩之一元』、『世界恒久平和への道標』などにその霊感を書き残している。浜田は、お田植祭について説明したあと、静岡から磯部に移住した理由を話し始めた。

天之磐門顕正奉賛会

「僕が昭和十四年にこの磯部に移ってきたのは、お宮に参詣したときある天啓を得たからでした。それは、日本国の天皇は、人類の天皇として地上の平和を確立する天命を拝しているが、それを手助けする太極の臣がやがて伊雑の宮に顕れるという啓示でした。

その臣は天のヌホコをもつ剣臣で、三千年に一度出現する仕組みになっている。僕は、その臣を探し求めて、伊雑に移住しずっと待っていたが、ついに十三年後の昭和二十七年一月に巡り合えたのです。それが小泉先生でした」

「ほう、そうすると、浜田さんはイエスの出現を待ちのぞむヨハネの役だったのですな」

と山路が合いの手を入れた。

「そういうことになりますかな。ともかく人類平和の出発点は、天之磐門をもつ磯部七郷であり、それを拓くのが天のヌホコです。天之磐門というのは、よく誤解されるが、具体的な場所を指すのではなく、世界の平和を支える中心のことです。原初の大ミオヤの霊徳《みいづ》が流れでる元であり、魂の帰一するところなんです。

日本が戦争に負けたのは、内務省の管理する国家神道が、民族神であるアマテラス大神をまつりあげ、宇宙の原初の大ミオヤの神を忘れてしまったためでした。僕は、大ミオヤの神と出会うには、伊雑の宮に来いといわれて住み着いたわけですよ」

「その天の磐門というのがよくわからない。もう少し説明してくれませんか」と元町長の平石重信が言った。彼は道場に出入りしていなかったので、初めて聞く話であった。それに応えて、奉賛会を支援している川梅旅館の山路沢太が説明し始めた。

「天の磐門の第一門はね、川梅旅館の前を流れる磯部川の河口にあり、そこに天高く朱塗りの鳥居がそびえ立ち、白姫大神が守っていると大先生は語っていますね。

第二門は、恵利原の水穴にあり、天の岩戸と呼ばれている場所です。

第三門は、和合山の頂上で、オウム岩と呼ばれる鏡岩の向こう側の羽衣の松があるところですよ。

和合山の門を超えたところ、次元を超えた世界ですが、ここに北極紫微宮が広がっている。それは、宇宙が誕生する以前の大神界、すなわち太陽、月、地球さらには大銀河系も生み出した天津霊嗣《ひつぎ》の世界をいうのです。北極紫微宮への道を案内する場所が、天の八衢《やちまた》と呼ばれるところですよ」

「その北極紫微宮といわれると、ますますわからなくなる。わかりやすく説明してくれませんか」とふたたび平石が要求した。

山路は、ここぞとばかり能弁になった。

「北極紫微宮は道教の用語で、土佐の神仙道の宮地水位先生がよく説かれていましたが、古事記で言えば、天のミナカヌシの能《はたら》きのことですね。ミナカヌシの中心から、湧き出る二つの相反するはたらき、左螺旋に上昇するタカミムスヒ、右螺旋に下降するカムミムスヒのはたらきが生じ、それと同時に、この三神が一体となってはたらき始めるのです。それは、宇宙の初めの時ばかりでなく、今もこの瞬間もはたらいている偉大な三つの相互作用であると大先生は言っておられます。それを道場ではアイ、アイ、アイ(愛、相、合)とつづめて表現していますよ」

「うーん、わかったような、わからないような」と平石は首を傾《かし》げた。

「それを理解するには、和合山にいくのが手っ取り早いですよ。来月オウム岩でお祀りを行うので参加してみませんか」と言ったのは浜田兼吉であった。

浜田がその案内状を手渡そうとしたとき、見慣れた大男が部屋のふすまを開けて、のそっと入ってきた。伊勢三宮奉賛献灯会会長の森岡照善である。

「やあ、遅れてすまん。白木の石神さんのお祭りに呼ばれてね、直会で遅くなってしまった」

お神酒をいただいてきたらしく、森岡は酒臭い息を吐きながら、どっかと畳に腰を下ろした。白木の石神さんというのは、鳥羽町にある白木神社のことである。願い事をかなえてくれるので近年有名になった神社である。

「志摩磯部には、霊験あらたかな石神さんがほかに三つありますな」と浜田兼吉が言った。

「和合山のオウム岩と天の岩戸、そして上の郷の石神さん。でも、上の郷の石神さんは、もう祀る人もいなくなり、杜の中にポツンと残るばかりになってしまった。感謝の祭りを忘れると、石神さんも応えてくれないようになりますね」

「その通り、もう若い世代は石神さんといっても見向きもしないね。そんな岩石のどこが尊いのかと言ってバカにする。物質主義も極まれりだなあ」と言って慨嘆したのは、山路であった。続けてこう語った。

「人がものを見る気持ちや意識が変われば、見られるものもはたらきを変えるということがわからないんですなあ。和合山のオウム岩も、あるメッセージを伝えてくれる意識体とみて感謝の気持ちを伝えれば、たちどころに答えを返してくれますよ。柏手を打てば、すぐパーンと響き返してくれるようにねえ」

これを聞いた勉強家の平石重信が反応した。

「最近読んだのだけど、量子力学ではものを見た瞬間にものの性質が変わるというね。ただ見るだけでその原子やエネルギーの状態が変化し、ものの見方を変えると、そのはたらきも変わってくるそうだね。」

「まさにそのとおり、仏教の唯識論も似たようなことを言っている。親心をもって接すれば、他人も含めてすべてはわが子と映る。磐座《いわくら》も草花も愛しいわが子とみて育てると、性質や反応が変わってくるよ。だから、僕は戦後この親心を広めようと思って、小学校に愛育会を立ち上げたんだ」

こう語ったのは、浜田兼吉である。浜田は、志摩磯部で学校の先生と親の団体、「愛育会」を組織したが、それはＰＴＡのはしりともいえるものであった。

浜田は、参剣道場で宇宙から自然界、人間界に至るまで多重の親心が展開されているという大先生の所論に感銘を受け、それを実践しようとしていた。

現在のＰＴＡは、教師と親の連絡組織に過ぎないが、愛育会は、それを超えた深い親心を学び合う場にしようと試みていたのである。浜田は、物書きが得意な霊能者であったが、意外に実践家でもあった。

六芒星の起源は縄文の麻の葉（火と水の交わり）

献灯会の森岡会長は、議論に飽きてきたのか、それとも酒の酔いが回ってきたのか、こっくりこっくり舟をこぎ始めた。

川梅旅館の山路沢太は、それを見て「そろそろ直会《なおらい》にするか」と言って襖をあけ、階下に向けて柏手を打ち鳴らした。とたんに、柏手の音に目が覚めたのか、森岡が小声でうなり始めた。得意の謡曲で鍛えた胴間声である。

「起きて半畳〜　寝て一畳〜　天下とっても五合半〜」

それを聞いた奉賛会の浜田兼吉が、嬉しそうに口を開いた。

「まったくそうだね。天下を取った家康公も一日五合半の米で満腹した。今を時めく佐藤栄作先生も、吾輩と同様、五合半以上は食べられないんだ。酒なら一升は呑めるがね」

六畳間の一座は、一斉に楽しそうに笑った。

そこに山路夫人が入ってきて、皆に酒杯をくばり、手慣れた様子で地酒の「勲泉」を注ぎ始めた。ご主人が四つ柏手を鳴らすと、夫人が直会の酒の用意をする習慣となっていた。

五合半で思い出したのか、川梅旅館の山路沢太が新しい話題を持ち出した。

「そういえば、道場で『五合と五合で一生なり』という不思議な文句をとなえていますね。二合と八合でもなく、三合と七合でもないところが味噌ですな。つまり、五合と五合という釣り合いの取れた相反する二つのものが組み合わさって、人生を形作っていくという意味に私は解釈しているが、どうだろうね」

急に難解な禅問答を吹っかけられて、一座はしばらく沈黙していたが、浜田がやおら酒杯を置いて言った。

「うん、その文句は『八八《やや》を開きて九九十十《ここととと》のふ、十十のふ九九八八を開きて』という命言のあとに、一体のものとしてつながって出てきますね。八八《やや》というのは、無数に重なり合った親心を意味していると思うから、親心で万物、万霊に接し、自然に親しみ、宇宙の大ミオヤ心の営みに感謝すれば、無数に重なっている場が調い、今ここの場も浄められ、調っていくという風に解釈できるのではないだろうか」
酒が入ると、浜田は口が一層滑らかになった。続いて、こうも語った。

「そうして、この現象界では、山路さんが言ったように、相補う二つのものが組み合わさって生成発展していく。イザナギとイザナミの二つの作用を通して万物が生成していく。その真理をわきまえて悠々と人生を渡っていけということじゃないか。

さらに深掘りするなら、右手と左手を組み合わせて、五回打ち鳴らす、それを前後二回繰り返すと十になり、完成する。つまり、ヒフミヨイ、ムナヤコトと柏手を打ち、唱えていくのが、一生を充実させる手法の一つであると教えていただいたのではないだろうか。『五合と五合で一生なり』という教えは、大先生の親心の顕れなんだろうね」

「ご正解！」と山路が晴れ晴れとした表情で応えた。
「それはすばらしい解釈だ。やっとまともな解釈が出てきたね。これで今夜は、心置きなく悠々と酒が呑めるなあ」

と言って、山路は手酌でなみなみと地酒を注ぎ込んだ。参剣道場に出入りしていない平石は、何のことかわからず、ぽかんとしていたが、座が盛り上がるのを見て楽しくなった。そこへ、寝ぼけ眼《まなこ》で聞いていた献灯会の森岡会長が、いきなり大きな眼を開けて茶々を入れた。

「そうか、大先生は若奥さんとの楽しい生活を五合と五合の組み合わせと表現したのだねえ。伊勢と丹波の釣り合いで一生をおくれるわけだなあ。うらやましいのう」

早くに奥さんを亡くし、独り身のわびしさをかこっていた森岡会長らしい発言に一同は苦笑した。すぐさま、山路がこれを修正しようと発言した。

「まあ、そればかりではないよ。五合と五合というのは、ある勢力が生まれるとそれと対照的な反勢力が生まれるという意味にもとれるんだ。政界でも自民党の勢力が大きくなりすぎて不祥事が起きると、それに対抗する勢力が生まれているではないかね。両者のせめぎ合いによって、政治も人生も生成発展していくわけですな」

「なるほどそうだったのか、皆の話を聞いてやっとわかった。五合と五合の釣り合いを記号で表現すると、上向きの△と下向きの▽の組み合わせとして表現できるのではないかい？」

いきなりこう言ったのはシダの編み籠を販売している浜田兼吉であった。仕事柄、毎日編み籠の形の中に、三角や渦巻きの組み合わせを見ていたのである。彼は、造形感覚にもひいでた男であった。

シダの編み籠

「つまりね、火と水、日と月、陽と陰、男と女、その相反し相補う二つのものが引き合いと別れを繰り返す過程が人生であり、宇宙の営みだということを、大先生は六芒星の形でおしえてくれたのではないだろうか。宇宙から人生まで相反、相補の関係で動いていることを六芒星は示しているように思うのだが……」
それを聞いた長老の森岡会長は、ひざを打って喜んだ。
「うれしいことを言ってくれるね。やはり六芒星は間違いではなかったのだね。君のいう通り、対照的な二つの動きの組み合わせが世の中を形成しているという真実を表現していたんだよ。浜田君、ありがとう。もう一杯やり給え」

赤ら顔の森岡会長は、浜田に向かって徳利を傾けた。

外宮から伊雑の宮まで石灯籠を設置し、それに六芒星を刻み付けていた献灯会の会長はすっかり安堵した様子であった。

森岡会長が彫らせた六芒星の形は、日本古来の対神——イザナギ、イザナミのキミ二神のはたらきを示すものと知って喜んだのである。それは同時に火と水、日と月の作用の組み合わせでもあった。

麻の葉文様

「もっとはっきりいうと、会長、あの六芒星の起源は、ユダヤではなく、それよりはるかに古い縄文の麻の葉にあったのですよ」
植物に詳しい浜田がなお語り継いだ。
「麻の葉の文様は、六角形ですが、昔から魔よけの力を持つとして、赤ちゃんの産着や和服にも用いられてきましたね。もちろん、祓いヌサにも麻が使われていました。巫女さんたちも神がかりする前に麻の葉を燃やしその煙を吸って恍惚状態になっていました。

つまり、縄文人たちは、麻のもつ二つの作用――邪気祓いと神がかりの力を直感的に知っていたのです。麻には浄化力があるので、戦前は田んぼの周りに麻を植えることを奨励していたしね」


「そういえば、麻の栽培を禁止したのは、進駐してきたGHQだったなあ」と森岡がつぶやいた。

「わが特攻隊は、麻薬を呑まされて出撃したと曲解し、強引に栽培を禁止してしまった。麻は日本人の攻撃力の源と誤解したんだ。それなのに、いまだに解禁されていないのはどうしたことか。政治家たちはだらしないねえ」

「そうなんだ、『倭姫命世記』によると、伊雑に来た倭姫は、オウム岩のあたりに麻服を織る機殿《はたどの》を建て、次に五十鈴川の上流に絹服の機殿をもうけたと書かれているね。この磯部にもう一度麻の栽培を復活させたいものですなあ」

と山路が付け加えた。

「それにしても、昨今の政治家の腐敗はどうにかならんものかね。戦前は、新日本運動と言って政界の浄化を訴える活動が活発だったが、いまはさっぱり音沙汰がないね」と森岡が嘆いた。

「うん、イザナギ景気に浮かれて、国民も政治家も、すっかり気力が衰えてきたねえ。自民党は、相変わらず黒い霧に覆われているしね。若い連中も、意気地がなくなったなあ」

話はいつの間にか、老人特有の愚痴こぼしに移っていった。酒飲みの愚痴は意外に伝染するものである。

そこへ小柄な山路夫人が明るい声で入ってきた。

「みなさん、今夜は十五夜ですよ。お庭に出てみませんか。お盃をもって」

一同は促されて、川梅旅館の裏庭に足を運んだ。

「お盃にお月さんを映して、ゆっくり飲み干すと風流ですよ」

と言って山路夫人も盃に口をつけた。一同は久しぶりに盃に映った月影の静けさを味わった。昼は、日の力をいただいて生活していたが、夜はゆっくり月の静けさにひたることの大切さを思い出した。

酒杯に宿す月影は、議論の熱を冷ますに十分であった。

郷土座談会の老人たちは、麻模様の六角形を思い描きながら、日と月の調和のなかにそれぞれの身と心を浸していった。

夜空に浮かぶお月さんは、地上の会話を知ってか知らずか、ただ音もなく軌道をゆったりと歩んでいた。裏庭のお土のそこかしこで、コオロギたちが涼しい音色を響かせていた。

第六章

「ここととのう」右旋と左旋の響きあい

道場の神床には大宇宙《おおみそら》のミオヤ心を示した図形があった

参剣道場の小泉澄子夫人は、あいかわらずかいがいしく働いていた。磯部の町の人たちがどんな議論や噂話をしているか知らず、知ろうともせず、朝から晩まで太志命の世話をしていた。そして、世話することに最高の生きがいを感じていた。

道場の中は、あいかわらず規則正しいリズムで動いていた。大先生は午前中は剣祓いに集中し、午後は読書と魂鎮め、ほとんど人に会うこともなかった。

道場の檜の床板を拭いていた人たちが不思議に思ったことがある。

奥の祭壇には、祓い幣と榊が飾ってあるが、普通の神社にある鏡、剣と玉がなく、その代わりであろうか、祭壇の上の方に三つの不思議な記号が掲げられているのである。祭壇を覆う垂れ幕には、伊雑の宮の花菱紋に波模様をつけたものが描かれている。

その幕の上の壁板に大きい三つの記号が額装で掲示されている。真ん中は、剣を象徴する折り熨斗《のし》の菱形模様、その両側に□と○からなる対照的な図形が二つ掲げられているのである。

右側の図形は、□のなかに○が接し、その○は中心から八方向に線が伸びている。左側の図形は、○のなかに□が接し、その□は中心から八方向に延びる線で分割されている。色も、右は朱色の地に白抜きの線に対し、左は白地に赤抜きの線と対照的に作られている。

折り熨斗（参剣）の左右に地極と天極

○は天を、□は地を意味するのがシュメールやエジプトの記号であり、わがホツマツタヱでもその意味で用いられているから、そうだとすれば、二つの図形は、天の中の地、地の中の天を象徴していると見ることができよう。天中地と地中天は、それぞれ中心から八方向に右らせんと左らせんに渦巻きながら開き、回転しようとしている。
その対照的な動きを静かに眺めているのが、中央にある参剣の記号である。この剣を中心として二つの対照的な動きは、相互に響きあい、かみ合い、結びあい、醇《かも》しあって新しいある秩序を形成しようとしていると見てよいのではないだろうか。

見方を変えれば、これは宇宙のはたらき――裏から表に、表から裏にと毎瞬、毎瞬交流しつづける微細なエネルギーの変換を記号で示したものと解釈することができるのではないだろうか。それは、古事記の神名でいえば、アマノミナカヌシとタカミムスヒとカムミムスヒの造化三神の相互作用であろう。

造化三神が原宇宙（現象界）を作ったあと、現象界においては、イザナギとイザナミの対神の陽陰のはたらきが現れ、万物を生成していく。それは、人生の舞台では、「五合と五合の組み合わせで一生が形成されていく」ことを意味していると解することができるのではないだろうか。

しかし、哲学的な把握に慣れていない普通の日本人は、そういう理論構成だけでは、人生の意義をつかみ取り、人生を存分に生かし切ることはできないだろう。愛、相、合の変化の波に沿った柔軟な生き方はできないはずである。

情緒的な日本人は、やはり、大宇宙《おおみそら》のミオヤ心を中心としてすべてが展開していると考えるのが理解しやすい。大宇宙のミオヤ心は、二つの図形の中央に参剣《みつるぎ》として象徴されている。そして、二つの対照的な天地の記号の動きを統一し、調和させるのは、見えざる大宇宙のミオヤ心なのである。

したがって、人もまた、オオミオヤの心を心として、万人、万物、万霊に接し、感謝と奉仕の誠をささげることが求められていると見た方がわかりやすいのではないだろうか。

道場を掃除に来た人は、庭の石組にも檜の床板にも、そこに棲む苔や微生物にもオヤ心を尽くして接しようとしてきた。それを繰り返すことによって、心の掃除がすすみ、ミソギがおこなわれていくと信じてきた。大先生は、ミソギとは、単に水の精を注ぎ入れるばかりでなく、宇宙の霊《み》を注ぎ入れることでもあると説いておられたのである。

初めて道場を訪れた人は、飾りつけのない簡素な空間ながらも、なにかしら懐かしい故郷に戻ってきたような感じがしたと語っている。

「道場に参拝にまいりますと体の中の心労が洗い清められ、体内に新鮮な血が巡り、俗世間のしがらみが消えていき、そして体が軽くなるのがわかります」と感想をつづった人もいた。

参拝した人たちは、取りこし苦労や先入観などの邪気を祓われ、道場でミオヤ心に抱かれ、宇宙の霊《み》を注がれたのではないだろうか。

毎年、太志命の八月三十日の誕生日に合わせて、伊勢鳥羽志摩の少年剣道錬成大会が開催されていたが、太志命が三宝に賞品を載せて子供たち一人ひとりに手渡す姿は、神様に捧げているかのような丁重さであった。ミオヤ心の自然の発露であった。

剣道大会に参列したある婦人は、感想をこう述べている。

「一同の前に正座あそばされ、お言葉を発すると同時に、大先生のご神体が、全身厳かに伸びて、道場の天井いっぱいに広がって、み教えのお言葉が終わるまで動かず、一同の頭上にてご守護をいただきました」

太志命の霊体が、道場いっぱいに広がって一同を祝福していたことを、この婦人は霊視したのである。それは、一階の道場に降りなくても、床板を拭いていた人たちの上にも降り注がれていたはずである。

道場にしばらく休んだり、寝泊まりしただけで、病気が治ったという報告も多数あるが、それは太志命の霊体が気づかないうちに心身を調えてくれたものと人々は感謝していた。

三蓋《みかさ》の松を背に虎の敷物の上で魂鎮め

振り返ってみれば、昭和の御代は、実に相反する二つの勢力——道義と権力、伝統思想の保守と破壊の二つの方向がせめぎ合い、激突した時代であった。

川面凡児先生や今泉定助先生は、日本人が神ながらの道に立ち、大神人となり、道義の国の民として世界の模範となるべきことを主張した。経済不況も忍耐と勤勉をもって助け合い、技術革新を図ることによって打開しようと訴えた。そうすれば、世界は知らず知らずのうちに日本人に感化され、その中心であるスメラミコトを盟主として仰ぐようになるにちがいない。

ところが、その声は世界恐慌と東北冷害に端を発する大不況の荒波に呑みこまれ、それにかわり、軍事力による大陸の資源確保によって経済困難を乗り越えるほかないという勢力が主導権を握っていくことになる。

敗戦後は、ＧＨＱとその支援を受けた左翼勢力が、個人中心主義と功利主義と物質主義を持ち込み、戦前の伝統と日本精神を破壊しようとした。祖霊や自然霊、さらには日月の霊に対する敬意をないがしろにし、生きている人間の自由と平等の基本的人権のみを重視しようとした。数々の社会的叡智を含む伝統を築き上げてきた祖先のミオヤたちも持っているはずの権利にはきわめて冷淡であった。

しかし、祖先たちは今も「生き通し」であるから、欧米風の個人の「自由と平等」の追求でなく、調和ある共同体の発展を願う「基本的権利」を持っているはずである。祖先たちは、人が「自由」気ままにふるまうのでなく、共同体の中でこだわりを捨ておのずからにあること、ありのままであること（自在）を望み、分け前の「平等」にこだわるのではなく、自らの能力に応じて享けること（応分）を求めているのではないだろうか。

そういう調和ある社会の発展を望んでいるのが、今もこの世に響きつづけている祖先のオヤ心ではないだろうか。

主語を使わない練習をする

しかし、道場では、太志命はそんな難しい哲学的な話はしなかった。人に合わせてわかるようにやさしく法を説いていた。

人生経験の少ない若い人には、「世界に起こっていること、身の回りで起きていることに不思議なことは何もない、何事も理由があって起きているのだ。その理由をつきつめて考えるようになさい」と説いた。やみくもに正義感にかられて軽挙妄動することを戒めた。

子供に厳しくあたる母親には、「子供を叱ってはいけない。あなたの子は前世に大変苦労していた人で、おかげで今のあなたが幸せな境遇でいられるのだから、必要以上に怒ってはいけない。よくかわいがって育てるように」と諭した。養育に疲れたその母親はすっかり安心して帰っていった。

（太志命は、必要な人には前世を教えたが、それは個人的な事柄なので、ここでは割愛することにしたい）

建設会社の社長には、「日本のひな型を建設しなさい」と企業の目標を示した。家業不振に困っているご主人に対しては「家業に励むことが国を護ることだよ。怠け者は許されないよ」と指導した。

東北の遠方から訪れた人には「いつも参剣《みつるぎ》とともにあることを忘れずに」と言葉をかけた。太志命はいつも見守っていると慰めたのである。

霊感と無縁であることを嘆いている人には、「神様が見えたり聞こえたりするのは大変である。見えず聞こえずとも守られているのが一番幸せである。見えたり聞こえたりするならば、昼も夜もなくなり、普通の生活は出来ませんよ」と真実を語った。

しかし、別の人々には「植物や岩の声も聞こえるように行を続けなさい」と勧めている。

太志命の話を伺っている最中に、居眠りを始めるグループもいた。なぜか、赤子が母の腕に抱かれているように自然と眠くなってしまうのである。

だが、目の前の三人が寝てしまっても太志命は話を止めずずっとつづけていた。目を覚ました三人が謝ると、「いいんだよ。参剣《みつるぎ》はあなた方と来ている産土神に話しているのですからね」と平然としていた。

太志命は、なつかしい川面凡児先生が、聴衆が二、三人であっても熱心に法を説いていたことを覚えていた。「聴衆のうしろに、八百万《やおよろず》の神々もいて聞こしめしている」と川面先生は語っていたのである。

ここで注目すべきは、太志命は決して「私」とか「自分」という主語を使わなかったことである。使わざるを得ないときは、「参剣《みつるぎ》」や「道場」という言葉で代用した。「参剣」は、眼に見える個人としての太志命を指すのではなく、皆を包み込む強力な霊体を含めた彼の全存在、生き通しの太志命を意味する言葉である。「道場」は、そこで御霊をみがき、結び固め、やがて帰一する場を意味している。

太志命は、道場を訪れる人にも、「主語を使わない練習をしなさい」と指導している。「私」を使うと「君」と対置する構造が生まれ、そこから無益な論争や教条が発展してしまうと考えていた。主語を使い、客語を明らかにすると、真理を限定してしまい、頭を固定してしまうとおそれていたのである。

さいわい、日本語は主語がなくても成立する言語である。「私は」、「僕は」という場合も、西欧文法の主語ではなく、「私については」、「僕については」といって、これから話そうとする話題を明らかにする枕詞《まくらことば》にすぎない。

また、「僕は君を愛している」とは言わず、単に「好きだよ」、「惚れてるよ」で十分意味が通じるのである。「君のためにお湯を沸かしました」とは言わず、「お湯が沸きました」という。

僕と君の関係を説明するのではなく、僕と君を包むある共通の場の状況を物語るのである。日本語は、はっきり自己を主張する代わりに、僕と君に共通する場を探しだし、その場の様子を伝えて了解し合おうとする「場の言語」といってよい。

日本語は、主体と客体の対立をなるべく避けようとするあいまいな言語である。だから逆に、聞き手は主体や客体が何であるのか、おもんぱかることを求められる。日本人が思いやりの心をはぐくんできた背景には、言語の構造が影響しているのではないだろうか。思いやりの心が深いゆえに、主客をはっきりさせない言語を発展させてきたともいえるだろう。

また、太志命は、相手の体を動かしたり、毒を排出したり、痛みを止めたりするのも思いのままであった。

屈強な若者に、太志命の両腕をしっかり押さえつけさせたことがある。次の瞬間、若者の上体は軽々と持ち上げられていた。内部筋肉を用いて相手の動きを制する合気上げも、自由自在であった。

あるとき余興に、真剣を自分の頬にあて上から下にスーッと引き落としたことがある。普通なら肉が裂けるところであるが、不思議なことに血は一滴も出ず、皆は、それを見て唖然とした。意識の力で皮膚は鋼鉄のようになるということを皆に示そうとしたのである。

ふだん肉はあまり口にしなかったが、あるとき「松阪牛を食べに行きたいですね」ともらした人がいて、松阪の有名店に澄子夫人他数人で行ったことがある。

皆がおいしく食べ終わると、小泉先生は「肉の穢れがどれだけのものか見せてあげますよ」と言った。何が始まるのだろうか、と見ていると、瞬く間に大先生の額辺りに大きな赤い腫れ物ができた。

自分で指差して、「これが肉の穢れですよ」と事もなく言った。しばらくすると、その腫れ物は消えていったが、おそらく中和して消してしまったのであろう。殺された牛の怨念が、邪気の塊となって体内に蓄積していることを示そうとしたのである。

現代人は、牛の怨念に気づかないほど鈍感になってしまった。動物性のタンパクが必要という欧米の栄養学思考に洗脳されてすっかり鈍感になったのである。自分の病気の気配

（未病）がわからないばかりか、社会の病気、地球の病気の気配にも気づかないほどに感覚が衰えてしまった。

「ととのう」という想念をもてば、すべてが調和してくる

小泉太志命は「舞は武の極みなり歌は文の極みなり」という言葉を遺している。とりわけ舞について重要な示唆を与えている。

「右回りでも左回りでもよい、回る事により神人一体となる。そして、『ととのう　ととのう　ととのう　ととのう』と言霊を唱えながら回ればなお良い」

古事記によると、イザナギの命は巨大な宮柱を時計回りに回り、イザナミの命は反時計回りに回り、こうして出あった二人から正常な子供が誕生したという。イザナギ、イザナミという神名は、回転する生命エネルギー体を象徴しているとみることができよう。

回転する舞によって神人一体となる手法は、スーフィズムなど世界各地の宗教にあり、わが国の古神道流派にも、皆で輪になってあるコトタマを唱える中で、囲まれた舞人が催

眠状態で回り続け自己を解放するという流儀がある。

太志命の剣祓いも、右に左に回りながら、そして「ととのう　ととのう」という思念を抱きつつ、小刻みに螺旋に剣を振っていたようである。

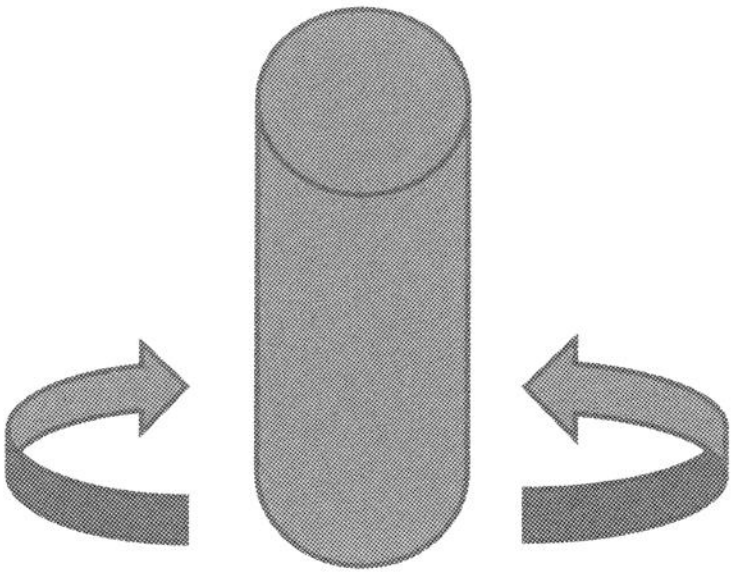

イザナギとイザナミの回転体

来訪者に対する話の中で、太志命がとくに強調していたのは「ととのう」ということであった。「ととのう」という想念をもてば、すべてが調和してくるというのである。

もしかすると、「八八を開きて九九十十《ここと と》のふ」には、何重にも（八八）抑圧された自己をくるくる（九九）と舞うことを通じて解放し、本来の自己を取りもどし、調える（十十）という意味も含まれているのかもしれない。

宗教言語というものは、その人の境地に応じて、深くも浅くも読み解くことができるのであって、正解は一つだけに限られないのである。

これに関連するが、ホツマツタヱによると、天照大神は、「トの教え」を祖父のトヨケ（豊受）大神より習い、これを政事の要諦として臣下に教えたという。トの教えというのは、心身霊や物事があるべき位置にととのうこと、対立するものが調和しととのっていくことを意味している。そのために、祓い浄めて言向けやわすことを第一とし、武力の発動は極力避けることを教えていた。

そして、ヒからトまでの十段階の修行を積み、「トの教え」を会得した天君《あまきみ》は、「ヒト」という尊称を与えられたという。アキヒト、ナルヒトのヒトである。不思議なことに、ホツマにおいても「ととのう」教えが語られていたのである。

ここで注意しておきたいのは、単純に「ととのう、ととのう」とコトタマを発し断言するのがよいということである。「ととのえる」でもなく、「ととのえたい」でもない。

それは、祓いの祝詞で「祓いたまえ、浄めたまえ」と言わず「祓いたまう、浄めたまう」とのりあげるのと同様である。浄化された姿を思い描いてそう唱えると、浄化が先取りされるのである。未来が引き寄せられそのまま直ちに現実となるのである。

コトタマや祝詞は、神々に向かって自分の小さい願いをとどけるものではない。「未来の自分や家庭や社会はこうなっている」とあるべき姿を思い描き、それに向かって誠実に努力する姿勢を天界に届けることである。そうすれば、たちどころに今この場も未来に転化し、浄められるのである。

「ととのう、ととのう」とコトタマを発すると、ととのった未来が引き寄せられ、ただちに今ここも調うのである。「ととのう」という強い思念が、心身霊と多重の場のととのった未来を今ここにひきよせるのだ。それが、まさに「未然を生《き》る、未来を着る」ということなのであろう。

別の比喩でいえば、それは一本の木から仏像を彫りだす彫刻家の作業に似ている。木の内部に、すでに完成された仏像が内在しているから、仏師の作業はそれを取り出すことに他ならない。「ととのう」というコトタマを発すると、すでにととのっている未来の仏像の姿が引き寄せられ、たちどころにこの場に実現するのである。

「未来を着る」とは、剣祓いの極意ばかりか、なんとコトタマの極意でもあったのだ。

即非の論理を超える太志命独自の発想法（包み、畳み、重ね）

先生の大事な話はかけ言葉や語呂合わせが多かった。多重の意味を内包しており、それだけに何のことか訳がわからない人も少なくなかった。そのうえ、東北弁でトツトツと語るので、よく聞き取れないこともあった。

「八八を開きて九九十十のふ」は、かけ言葉の代表的な例である。

それは、これまでみてきたように、八戸から十和田湖を包み、八神殿から宮中賢所を含み、累代の家祖から只今の場まで折りたたんでいる多様な表現である。おそらく八通り、あるいはそれ以上の解釈が包まれ、重ねられていることであろう。

宇宙の営みを「愛心より発し、相心と分かれ結びて、やがて合心となりたるものなり」と表現したが、これも同様である。道場の祭典では、「アイ、アイ、アイ（愛、相、合）」とつづめて唱えている。

太志命は、十三という数を重視し、毎月十三日は「父さんの日だよ」といって皆で祝っていた。キリスト教の伝統では、十三は不吉な数とされるが、道場ではお祝いする数字であった。

宇宙のビッグバンの直後には、水素十二とヘリウム一の割合で水素とヘリウムだけが存在していたというから、どうやら、十三は、宇宙の誕生とも関係がありそうに思える。宇宙を産み出した「父さん」のはたらきを忘れるな、と言おうとしたのかもしれない。

それはともかく、耳に聞いたかけ言葉や語呂合わせは、意外に記憶に残るものである。意味がすぐわからないだけに、じっくり時間をかけ、思い出しては解読しようとするものだ。

四国からやってきた宗教指導者には、四国は「あさいと、ことたま」の大事な国ですよと語ったことがある。阿波　讃岐　伊予　土佐の頭文字を並べると、「あさいと」となり、高知　徳島　高松　松山の頭文字をつなげると「ことたま」になる。「鳴門とは成音であり、成十である。成就を意味するのだよ」と語ったこともある。ナルトというコトタマの中に、多重の意味が折り畳まれているというのである。これは「富士と鳴門の仕組み」という日月神示の一節と響き合った表現でもある。

また、道場を訪れた香川の伊勢朝日山本宮の代表らには、指で「〇〇《まるまる》」と描き、これが次の御代の指導原理になるよと伝えている。朝日山本宮は、地元の人が参剣道場からご分霊を勧請して三豊市朝日山に昭和六十三年に設立した神社である。

太志命は彼らに「〇〇」とは、「すべて〇《まる》に始まり、〇《まる》に終わるという意味だよ」と教えた。

これにも、いろいろな意味が含まれているようだ。〇は、零、礼、霊、和、輪、円とも読めるから、物事は、零《ぜろ》に始まり円に終わる、人と人の出会いは、縁に始まり和に終わると解することもできる。武道は、礼に始まり礼に終わるとも、会話は輪に始まり和に終わるとも解釈できそうである。

この発想法は、太志命の独特のものである。ヤマト言葉を下敷きにしつつ、漢字や数字の意味を取りこみ、訓読みと掛け合わせ、それを通じて物事の多重の存在構造を明らかにしようとする手法である。それは、たんなる面白半分のかけ言葉でも語呂合わせでもない。

この話法は、一種の透視法ともいえるもので、禅仏教の「即非の論理」と異なり、欧米の二元対立の思考法と全く異なるものである。

鈴木大拙

「即非の論理」を唱えた禅宗の鈴木大拙によれば、通常の論理は分別知の形式論理であるのに対して、即非の論理は分別（分析的思考）以前の論理、あるいは無分別の論理である。対象を主客に分節化せず、主客が分かれる以前の状態だという。

例えば「私は私である。それは、私は私でないがゆえに、私は私である」というのが即非の論理である。

しかし、注意して読むと、前段の「ある」と後段の「ある」は、存在の位相が異なっている。前段の「ある」は、等価であることを認めている知性的表現であるが、後段の「ある」は、それを超えた存在のあり方を示している。

だから、論理といいながら、分別知の形式論理ではなく、それを超えたものなのだ。したがって、即非の論理は、知性ではなく、霊性によって解かなければならないと大拙は主張する。

これに対して、西欧が発展させてきた弁証法は、ある命題の定立、反定立、そして総合という形をとる。真理の命題は、肯定と否定と総合の繰り返しを通じて、現れてくるというのである。確かに、欧米の哲学や神学は、二項対立の組み合わせの積み重ねで発展してきた。

善と悪、精神と肉体、天使と悪魔、創造者と被造物、主と僕《しもべ》、人間と自然、認識と錯覚など、相反する概念を前提としてそれを組み合わせて問題を解こうとしてきた。なぜ、全能の神は悪を創ったのか、悪は善の欠如なのか、精神は肉体よりも優れているのか、自然を支配するのが人間の役目なのか……。

だが、問題の立て方をまちがえると、答えもまちがったものしか導き出されないだろう。

欧米の言語構造は、主語と客語が明確に分かれ、二律背反的な観念用語が多数埋め込まれているので、そこから抜け出すことができず、まちがった議論が展開されてきたのではなかったであろうか。

一例をあげれば、ドイツで教育を受けたユダヤ人マルクスは、歴史に「救済」と「進歩」という観念を持ち込み、労働者階級が資本家階級を打破していくのが、歴史の進歩であり、救済であると考えた。ユダヤ人は頭がよいので、時間を過去と未来に分け、過去の「堕落」から未来の「救済」に向けて活動するのが人類の使命であるとする壮大な歴史神学を築き上げた。

物事を白と黒に分けて考える発想は、俗耳にわかりやすいので感染しやすいものである。わが国の理屈好きな人たちや日教組の教員は、社会を資本家と労働者に分けて対立させる思考法にすぐ感染し、共産党員となり、階級闘争と革命を起こすのが歴史の「進歩」であると信じきっていた。このためにリンチ事件や暗殺、火炎瓶闘争が繰りかえされた。

世界を眺めても、マルクスの思想は、ソ連や中国などで数億人を虐殺、迫害、貧窮のどん底に追いやったことは、今日では明らかになっている。

しかし、社会を二元に対置させて考えるこのような思考法は、わが国の伝統的発想とは縁遠いものであった。戦前に君民一体の皇《すめら》の道を提唱した今泉定助は、社会を内部対立させるこのような思想を強く排撃していたのである。

万華鏡のように、すべての変化は元一つ（太志命の透視法）

太志命の思考法は、即非の論理でもなく、二元対立の論理でもなかった。

それは、言ってみれば、一種の透視法であった。一つの物事のなかに、あるいは裏側に多重の物事を含んでいるという思考法である。

ヤマト言葉は、欧米のように厳密に言葉を定義しないで、ふくよかな多義的な意味を包み、畳み、重ねている。

例えば、「かみ」という言葉は、かつて存在した祖先を意味し、火や水のような自然霊もさすことがある。偉大な神霊も「かみ」と呼ばれ、汚い微生物も「かみ」とされることがある。一神の「かみ」の中に、多重の「かみがみ」が内包されているという構造を明らかにしたのは、川面凡児であった。

また、「もの」という言葉は、物質の「物」を意味し、同時に「物」が内包している意識体の「もの」を含んでいる。悪しき意識体は、「もののけ」と呼ばれ、勇敢な意識体は「もののふ」と呼ばれる。物を透視してその裏に潜んでいる「もの」（意識体）を同時に見ているのである。

この発想は、単なるアニミズム（精霊信仰）ではない。アニミズムというのは、西欧の文化人類学者が作り出した差別用語である。偉大な「超越神による創造」というキリスト教のような壮大な神学をもたない宗教を劣ったものとして差別するために鋳造した言葉であった。

しかし、太志命の発想は、アニミズムを超えた透視法の発想である。一神の中に多神が含まれ、多神の中に汎神が包まれていることを透視していたのである。それは、一は多を包み、多は一を反映しているという全一的（ホリスティック）な観方《みかた》である。神ながらの道をアニミズムにすぎないとみてそれ以上深く探求しようとしない宗教学者は、明らかに間違っている。

時間についても、日本人は未来に「救済」があるとは考えず、救済があるとすればそれは現在においてあるとみなしてきたのではなかったろうか。

景教（唐に伝えられたネストリウス派キリスト教）の影響をうけた浄土宗は、「浄土における成仏」という未来の「救済」の観念を中世に持ち込んだが、本来は、祓い浄めがなされれば直ちにいま光の子として現れるという考えを古代の日本人は持っていたのではないであろうか。救済は、あるとすれば、未来においてあるのではなく、「今ここ」においてであると考えていたのではないだろうか。

われわれは、時間は、ユダヤ・キリスト教の考えのように、過去から未来へと一直線に流れるのではなく、現在の中に過去と未来が包まれ、折りたたまれていると考えている。それを「中今」と呼んできたのではなかったか。であるからこそ、その「中今」において、霊能者たちは、過去の死者と対話し、未来の情景を予見することができるのである。

「中今」は、たとえて言えば折りたたんだ一本の扇子のようなものである。右に開くと過去が現れ、左に開くと未来が見えてくる。折りたたまれた一本の扇子は、過去の過去、未来の未来を含んだ状態で、厳然として「今ここ」にあるのである。

万華鏡のなかの一華

われわれは、現在のミオヤのなかに、過去のミオヤたちを透視し、さらに大宇宙《おおみそら》のミオヤを透視し、感謝するという習慣を保持してきたように思われる。今いる子供たちの中に、未来のオヤたちが含まれ、畳まれていると考えて大切に育ててきたのであろう。少なくとも太志命はそう考えていたにちがいない。

透視の思考法は、たとえて言えば、万華鏡をのぞくようなものといえようか。万華鏡の中には、数字や漢字、ヤマト言葉、○、□、▽などの断片が浮かんでいる。そして万華鏡を回転させると、それらがひとまとまりのものとして美しく輝き、いろいろな色と形に変化し、手前から奥行まで見通すことができるのである。

真理は、こうして多面的に見ることによって、おのずと現れてくるのである。多彩な色どりをもって変化しつつも、すべての変化の元は一つなのである。

ただし、万華鏡を深くのぞくには、まず「私」、「自分」という主語を消さなければならない。自分が消えれば、相手も対象も消えていく、主客の対立が消え、主客を含むより大きな全体が見えてくるのである。そして、「ここととのう」、「ここととのう」という思念を発すると、奥深くにある未来、未然が手前に引き寄せられ、万華鏡は一段と華やかな姿を見せてくれるはずである。

別の言い方をすれば、太志命は、両極端の1（白）と0（黒）の組み合わせで物事を把握しようとはしなかった。むしろ、1（白）と0（黒）の中間（灰色）の多重の重なりが本質とみて、複雑な生命現象を解釈し、身近に引き寄せようとした。この太志命の発想法は、学者たちも研究してみる価値があると思われる。

わが国の哲学者は、1（白）と0（黒）を組み合わせる欧米の二項対立の思考の海にどっぷりつかっているので、そこから抜け出せず、したがって欧米を超える思想を生み出せないでいる。日本人を元気づける哲学や対立をつづける世界の歩むべき方向を指し示す哲学をまだ提示できないでいる。

言語の構造が認識の枠組みを決定づけるとするならば、日本の哲学者たちには日本語の持つ、ふくよかで多義的な言葉の組み合わせがもたらす認識の新しい地平をもっと研究してもらいたいものである。

学者たちは早く濁りを取り、「覚者」となってほしいものである。

第七章

地上の祓い浄め・結び固め・芽出し「〇〇《まるまる》」の教えで新しい御代へ

「上ご一人、下ただ一人」の道

磯部の神武参剣道場の中は、相変わらず静謐《せいひつ》であった。

太志命は、一日も欠かさず、神剣を振っていたが、道場の静けさは揺るがなかった。静の中の動、動の中の静が保たれていた。

年四回の講話には、関係者が集まったが、そのとき道場は万華鏡のように華麗な姿を現した。祭壇の上にある○や□が踊りはじめ、ふくよかな大和言葉や数字が飛び交い、扁額に描かれた百の虎たちが動き始めた。万華鏡が回転を始め、静の中の動が活動し始めるのである。百虎の扁額は、朝鮮の白頭山に修祓に行った際、現地で買い求めたものである。

道場の祭壇の左側をみると、参剣訓として、今も三つの訓示が静かに掲示されている。戦前に教育を受けた文人らしい文語体の訓示である。

一　吾らは、大御心の御神恵《みめぐみ》のもと大御宝《おおみたから》として尊く生かされつつあるものなり

一　吾らは、皇民吾《みたみ》なりの自覚体顕し、与えられたる天職を奉じて大御心に　応え奉らん

一　吾らは、生かす助けるは御神剣《みつるぎ》の御心《おおみこころ》と拝し、謹みて参剣《みつるぎ》もって日本民道《ひのもとのみち》を行ずるものなり

道場では私利私欲の願い事はなされず、皇室の弥栄、国家の泰平と世界の平和が祈られていた。

そのかわりに、太志命は皆の願いを聴いてくれる天之八衢《あめのやちまた》神社を庭先に設けていた。そこでは毎月一日に、小泉澄子夫人が祭主として月例祭を行っていたが、太志命がその月例祭に出席することはなかった。

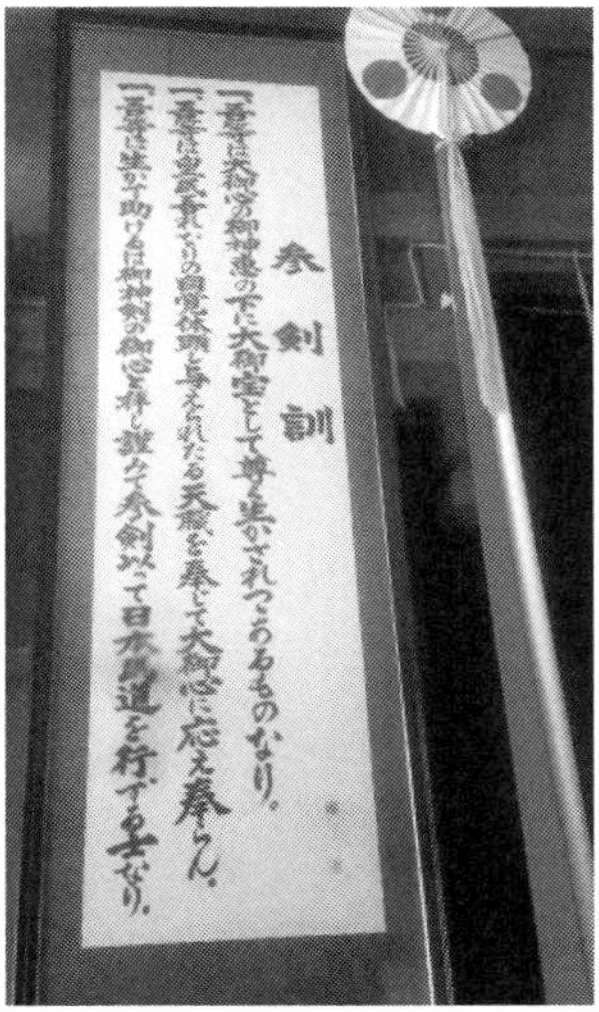

参剣訓の額

ところで、太志命にとって「天皇」とは、どのような存在であったのだろうか。「皇民吾《みたみ》なりの自覚」とは、どういう意

味なのであろうか。

「天皇」という用語は、もともと道教の「天皇大帝」からきた言葉で、夜空にきらめく玉光、つまり北極星を意味している。それを採用したのは、国家意識の高まった天武朝であった。唐の「皇帝」に対抗するために至高の北極星をさす「天皇」という呼称を採用したのである。

しかし、天皇は古代には「すめらぎ」、「すめらみこと」と呼ばれ、強制的な支配権をもつ（うしはく）権力者ではなかった。太古の「すめらの道」を歩む天命を与えられそれを臣下に伝えるお役目であった。万葉集においても、親しみをこめて「大君《おおきみ》」と詠われていたから、「天皇」という道教風の硬い言葉は、どうも国民感情にそぐわないと太志命には思われた。


太志命にとって、天皇は皇帝のような政治王ではなく「上《かみ》ご一人《いちにん》の道」を踏み行われる孤独な祭祀王であった。天つ神、国《くに》つ神に祈りを捧げ、感応動交し、天つ神のみいづを受け、国つ神と対話される崇高なお方である。司祭は「上ご一人」だけであり、そこにお仕えするのが「下ただ一人」の太志命なのである。

宮中祭祀は、氏族の祖神や土地の神々を祀る神社神道とも、天照大神を祀る伊勢神道とも全く違うものである。また、皇太子や摂関家に神道を教育した伯家神道とも異なるものである。

宮中祭祀は、大君お一人が宇宙と地球の親神に感謝をささげ、対話し、天つ神と国つ神の稜威《みいづ》を受けられる孤独な祭祀である。氏子もいないし、代役もいない。唱えられる祝詞は、「申し詞《ことば》」と呼ばれ、その作法も一子相伝とされている。祭事の過程で降りてきた霊感を臣下に伝え、それに沿って政事を行うよう指示するのが、大君の「みこともち」としての崇高なお仕事なのであった。

ところが戦後の大君は、「みこともち」の任務を剥奪されたので、政治家の腐敗や経営者の堕落などを大所高所から戒める人がいなくなってしまった。こうして、「戦後民主主義」は崇高な理念のない私欲優先の衆愚の傾向をますます強めていった。

デモクラシーという制度は、正しくは「民主制」と訳すべきだったが、「民主主義」と誤訳してしまったため、変えてはならない金科玉条の理念という風に誤解されてしまった。

言うまでもなく、民主制というのは、集団の意思決定のための手続きにすぎないのであって、手続きそのものは、どう転んでも究極の社会理念となりえないのである。

「みこともち」の任務を剝奪された裕仁陛下が、日々その孤独な祭祀を行われるあいだ、太志命はただ一人の剣臣としてこれを妨害しようとする邪気、邪霊を祓う役割を担っていた。天皇は世界の最高の霊的指導者としての重大な使命を与えられたお方であり、世界の指導霊をスメラミコトのみ柱のもとに集結させ「和」の実現に向けてはたかせるようお手伝いをするのが太志命の役割なのである。

それは遠く離れた伊雑の地においてもなしうる聖なる作業であった。こうして「高御座をお守りする」のが彼のもっとも重要な使命であった。

これと並行して太志命が行ったのは、国内に残存している三千年以上前からの怨念、邪念、執念を浄化することであった。過去の内乱や闘争で汚れたままの土地はまだ相当残っていた。全共闘の学生らの破壊活動はまだ続いていたが、戦後の激しい混乱が落ち着いた昭和四十三年頃から、太志命は夫人と協力者を伴い、積極的に各地の修祓《しゅうばつ》に出かけ始めている。

一例をあげておこう。

昭和四十三年四月は、関東方面の修祓に出かけ、宿も予約せずその場任せに旅していた時のこと。夜になり泊まる必要が出てきたが、だれも宿を知らない。ところが、先生は車の中で「まっ直ぐ行きなさい。そこを右、左」と指示してたどり着いたところが山梨の大きな旅館であった。電話一本かけていないのに、なんと大勢の仲居さんが入口で出迎えてくれたのである。通された部屋は旅館最高の離れの間であった。

一行は、翌朝、その離れで修祓の儀を行ったが、何の修祓かわからないまま参加したある婦人は次のように記している。

「驚いたことに、武田信玄の家来たちが犬となってうごめいていたのを見させていただき、正義のために命を張っても主人を間違えば、地獄に落ちる道理を教えられました」

「大祓いを受け、お神酒をいただき、生まれ変わった信玄の喜びはいかばかりでしょう。そのあくる日が、驚いたことになんと信玄祭りの日であり、信玄像の除幕式がされるということでした。お歩きになる土地すべて、このような修祓でした」

太志命の一行は、富士、白山、熊本、鹿児島、白頭山など修祓に歩いたが、至るところで急に雹《ひょう》が降り、嵐になり、あるいはからりと晴れあがるなど奇瑞が起こった。金龍、銀龍らが顕れて、天候の異変をもたらした。そうして、その後修祓された土地は、明るさを取り戻し、次第に賑わいを回復していった。

昭和六十年近くになると、太志命の二つの神業が達成されたのか、「訪れるたびにあの人を射るような眼光も柔らかく感じるようになった」と近親者は語っている。

この頃から彼の振る神剣は、新しい子供たちの「芽出し」に重点が移るようになる。「世界の子供たちが待っているので、御霊をどんどん殖《ふ》りこんでおかねば」と言って、神剣からほとばしる霊気を殖《ふ》りつづけた。

太志命は「大神業を終えたあとの昭和六十一、二年に生を享けた御霊《みたま》が、二十一世紀の指導者になる」と予言しているが、御霊を注ぎこまれた子供たちが社会の指導者となり、新しい平和な地球を作っていくことを宣言されたものであろう。

剣臣《つるぎおみ》の最期《さいご》の仕事（病床の裕仁陛下に向けて）

しかし、昭和六十年当時は、まだ米ソの厳しい対立は続き、一触即発の状況であった。対ソ防衛はアメリカに任せておけばよかったから、わが国は経済成長に専念することができたが、その反面、国防意識が低下し、自立の精神が腐食していくことはまぬかれなかった。

日本の弱体化を図った占領憲法によって、国の防衛と戦略情報はアメリカにゆだねてしまったため、その結果、経済中心の片肺飛行を余儀なくされていた。戦後の経済は、技術革新と設備投資が主導した神武景気、岩戸景気、イザナギ景気が続き、高度成長の波に乗っていった。

脅威を感じたアメリカは、昭和六十年のプラザ合意で急激な円高をのませ、これに対応しようとした日銀の低金利政策によって最後のバブル景気が訪れようとしていた。

裕仁陛下は、こうした国の状況に一抹の不安を覚えながらも、日々、熱心に祭祀を執り行い、対立する左右の勢力の融和を祈っておられた。国内の政治には介入せず、皇太子や皇太子妃との公務の役割分担に心を注いでおられた。

陛下と皇太子一家が仲むつまじくすごされ、公務をこなされていることは、太志命にとって格別の喜びであった。日本を代表する「上」が調うと、「下」もおのずと調《ととの》ってくるのである。

太志命は、昭和六十三年八月三十日にこう語っている。それは伊勢鳥羽志摩少年剣道大会が終了したあとの直会の席であった。

「いま天皇家は三世代仲むつまじく、これまでの歴史上類を見ないまことにめでたいことだ。日本は海賊国家ではない。神代の昔から神鎮まります神ながらの国である。もう大丈夫である。行はすべて終わった。ここにいるものは、これからは道場へ来る必要はない。これからは自分で考え、自ら行動すること。神はいつもいるから心配する必要はない」

まるで、自分の役目はすべて果たし終え、この世を去る時期が近づいていることを予言したかのような発言であった。二つの神業を無事終えた昭和六十三年は、北海道から九州の神々にお礼の参拝旅行をしている。

このころ、裕仁陛下は、記録に残る歴代天皇の中で最長の在位を更新されつつあったが、昭和六十二年に陛下の健康が突如悪化し、翌六十三年には体重が激減、九月十九日に大量の吐血で緊急入院されることになった。

しかし、入院後、お気の毒なことに、陛下は九十日以上もの長い間、病床につかれ、死と生の間をさまよっておられた。ほとんど意識を失ったまま口を動かされ、何者かと始終対話されている様子であったという。

おそらく、陛下は現界と幽界の間で身動きのならない状態で、陛下を慕う人たちあるいは呪うものたちとしきりに会話されていたのであろう。

阿南惟幾陸軍大臣

「天皇陛下万歳」と叫んで南海の孤島に散った無数の帝国軍兵士たち、敗戦の責任を負って自決した阿南惟幾《あなみこれちか》陸相をはじめとする軍首脳たち、そして国際法違反の一方的な東京裁判により処刑された東条首相などの戦争指導者たちも、かわるがわる陛下の枕元に顕れたにちがいない。

陛下はそれぞれの言い尽くせぬ労苦を多とし「そう、そう」と話を聞き、お慰めになったことであろう。彼らは、祖国再建の人柱となって働いていることを報告し、陛下の死出の旅にも、お供をさせていただきたいという願いを告げ、陛下はこれを快くお聞き入れになったことであろう。

他方、天皇親政による公平無私な政治を要求した二・二六事件の反乱軍兵士たちは陛下に恨み言を述べたことであろう。焼夷弾爆撃や原爆の被災者たちも、黒焦げの顔を見せて顕れたかもしれない。

陛下を呪詛していた道院の道士や日本軍に殺された蔣介石《しょうかいせき》軍の便衣兵（ゲリラ）たちも、陛下の枕元に登場し、復讐のため苦しめようとしたにちがいない。

けれども、長らく死の床につき衰弱しきった陛下のご宸襟《しんきん》をこれ以上悩ませてはならない、と太志命は思った。現界と幽界のあいだで呻吟されるのは、もうお止めしなければならない。ご回復が成らないとすれば、早く安らかにお見送りしなければならない――。

昭和六十三年九月に陛下が倒れられてから、太志命は、鬼気迫る形相で、阿修羅のように神剣を振りつづけた。神剣からほとばしる強力な霊気でもって病床の陛下に襲い掛かろうとする邪霊を祓いのけ、神去る道筋を調えて差しあげようとした。それが剣臣《つるぎおみ》の最期の仕事と思った。

一番軽い刃渡り二十寸の日本刀「肥前忠吉」を必死の思いで振り続けたが、太志命もすでに八十一歳である。最後の力を振り絞り、朝となく夜となく、よろめきながら振っていたので、道場中央の床板にはおびただしい傷がついていた。

道場の床板の刀傷

倒れては立ち上がり、宮中を遥拝しながら振っていたので、今も無数の刀傷が残っている。のちにその床板ははがされ、記念に東側の板壁としてはめ込まれているが、それをみると、その一つ一つに邪気邪霊を祓う強力な思念が宿っているように見える。

午後になると、しばらく二階に籠り、虎皮の敷物に正座して、壁に掛けた折り熨斗の御剣に向かい、世界各国の大統領、首相たちの名をずっと呼びつづけた。彼らを指導している世界の指導霊をよびだし、平和を説きつづけたのである。天下の泰平を静かに祈り続けている裕仁陛下の御霊のもとに諸国の指導霊をよび集め、和の世界を築くよう説得しようとしたのであった。

宇宙の渦巻きの中へ、陛下の御霊を見届ける

昭和六十四年一月七日、裕仁陛下は吹上御所において八十七歳をもって崩御された。歴代の天皇でもっとも長寿であった。

崩御のニュースはただちに世界に打電され、おりからパリで開催中の化学兵器禁止国際会議の席上、百四十九か国の参加者が黙とうを捧《ささ》げた。

新しい元号は、平成と発表され、平成元年二月二十四日、新宿御苑において大喪の礼が粛然と行われ、世界百六十四か国の元首と国際機関の使節が参列した。冷たい涙雨の降る日であった。

参列者の規模は前例のない大規模なものであったが、太志命には一つ心配があった。世

界中の元首たちが日本へやってくるが、それに伴って外国の悪霊や穢れが、神ながらの国日本にやってくることが心配であった。

そこで、献上されたお神酒十六本を道場の周りに全部まき浄め、外国の邪気、邪霊を浄化して、昭和天皇をお送りする影の行を大喪の礼と同時刻に道場でひそかに行ったのであった。そして、外国の首脳の指導霊と対話し、昭和天皇の御霊のもとに集結し米ソの冷戦を緩和し、平和に向かうよう説得したと伝えられる。

昭和天皇の崩御後三年で、ソ連が崩壊し、米ソ冷戦が急速に緩和に向かったことは御承知のとおりである。

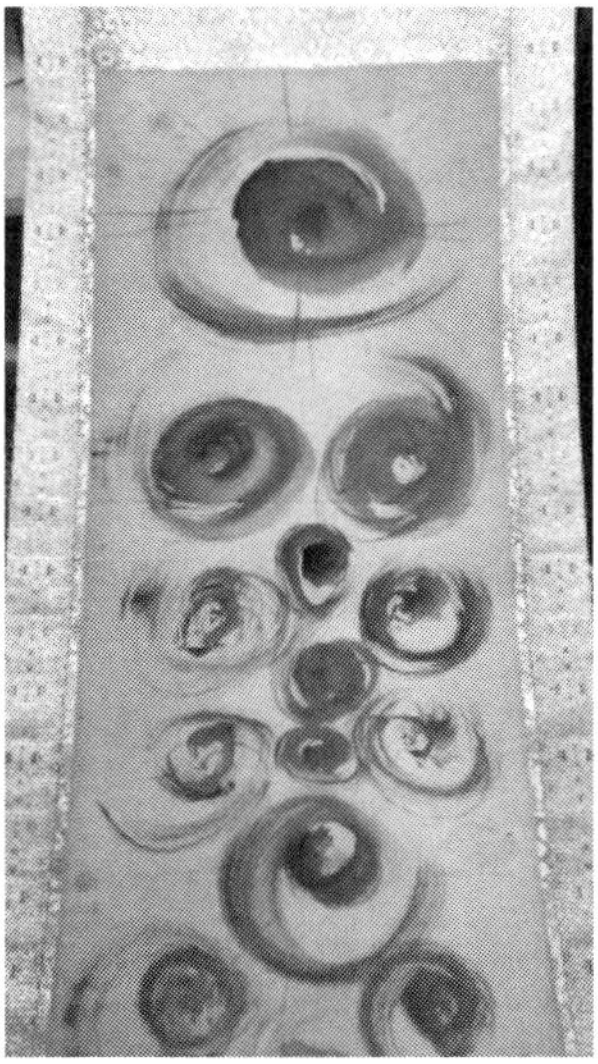

渦巻神紋の掛け軸

昭和天皇をお見送りしたあと、御霊《みたま》がどこに行かれたのか、行く末を見届けたいと思ったのであろう、太志命は、二階の瞑想室に自分で描いた渦巻神紋の掛け軸をかけ、その前に正座して鎮魂した。一晩寝ずの魂鎮めを終えた彼は、翌朝ふらつきながら階段を下り、こう語ったという。

「宇宙の渦の真ん中にいま入っていったよ。ああ、よく帰ってこられたなあ」

宇宙の渦は、天極左旋、地極右旋と言って、左右の螺旋運動をしている。その真ん中、言いかえるとアマノミナカヌシの中心近くまで陛下の御霊を追って入っていったのであった。

天極左旋図

地極右旋図

アマノミナカヌシの周りには、タカミムスヒ（天極）とカムミムスヒ（地極）の二つの対照的な螺旋運動が渦巻いている。この天極、地極のはたらきは、太志命が画家に描かせた上図の衝立《ついたて》においても、二つの旋回記号として表されている。
そして、左旋と右旋の宇宙の生命エネルギーを内側から産み出し、統合しているのが、祭壇の中央にある折り熨斗の参剣《みつるぎ》なのである。

この三つのはたらきによって宇宙は生成発展をつづけている。古事記によれば、それは、始めなく終わりなく続いている永遠の宇宙のはたらきである。

「天地窮《あめつちきわ》まりなし」――。

天皇の崩御は、太志命の使命が終わったことを告げていた。天皇と日本を霊的に防護し、世界を平和に向かわせるという使命が終わったのである。

ふたたび思い起こせば、戦前の日本は、人種差別と植民地の撤廃を世界に訴え、欧米が資源を独占せず、新興国にも資源開発の平等な機会を与えるよう訴えた。日本は欧米の了解を得て韓国を併合したけれども、韓国は植民地ではなかった。併合地であったから、内地から人と技術を送り込み、多額の資金を投入して内地の一部として発展させようとした。

だが、それだけに欧米からは、新参の邪魔ものとみられ、陰に陽に迫害を受けていた。韓国や中国の現地民からも激しい抵抗を受けていた。現地の住民は、外国によるすぐれた支配よりも、自国民による劣った支配を好むということをわが国は理解できなかったのである。

こうした内外の霊的な障害から天皇《すめらみこと》をお護りし、日本の前途を調えることが太志命の役目であった。西園寺公爵の依頼を受け、天皇の霊的防護に集中すること五十三年。この間、各地を修祓、浄化して回り、土地の神々に名と位を与え、地域の浄化のために能《はたら》かせようとした。

一生表に出ず、幽斎の大宮司として裏の奉仕に徹した太志命であった。鍛えに鍛えた頑健な心身を捧げ尽くそうとした太志命であった。


だが、精魂を果たしつくしたのか、崩御の二日後、平成元年一月九日から急に起き上がれなくなり、力尽きたように床に臥せた。二階に上がる体力も無くなっていた。

夫人には、「いまやっと神様から休暇をいただいた。ありがたいなあ。病気じゃないのだから、苦しくも痛くもないんだよ。あなたは、朗らかな気持ちで傍にいてくれればよい」といたわるように言った。

「一度診察をお受けになっては」と勧めると、

「医者の診察を受ける必要もない。この世では、一生涯、医者のお世話にならないのだから」と言い張った。

確かにそれまで医者には、一度もかかったことがなかった。

みかねて義弟の医師がお見舞いにやってきたが、廊下の外から見舞いを受けたばかりで部屋には入れようとしなかった。廊下にたたずむ医師に向かって「最後の死亡診断書は、先生におねがいしますよ」と大きい声を張り上げた。

そしてとうとう、九月二日、寿命の尽きる五分前、その医師に生まれて最初で最後の脈を取ってもらったのであった。

臨終は、小さな声で「アメツチ初めの時、高天原になりませる神の御名は、アマノミナカヌシ、つぎにタカミムスヒ、カムミムスヒ」と神名を唱えながら、静かに昇天していった。宇宙の中心、アマノミナカヌシの渦の中に還っていった。

造化三神は、メビウスの輪のように表になり裏になりつつ、いまもはたらいている宇宙の作用であるが、太志命はその統合の中心、アマノミナカヌシのもとに帰一していったのであった。

駆けつけた白龍会の霊感ある夫人が証言している。

「大先生がご昇天なさるとき、各国から偉い指導霊の方々がおいでになり世界一のお見送りのご神行が現れました」


満で八十二年、数えで八十三年の言語に絶する生涯であった。地上の祓い浄めと結び固めと新しい芽出しを終えて完全燃焼した一生であった。

「自らを死地に追いやって、自らすすんで難局に当たり、やり遂げやり抜くことこそ、真の参剣剣士なり」というのが、彼の覚悟であった。常により困難な道を選ぶのが太志命の日常であった。


神業遂行のため、親族を犠牲にすることを選んだ生涯でもあった。親の死に目にも立ち会えず、最初に結婚した八戸の妻や子供たちとも離縁して暮らしていた。晩年は、小泉澄子夫人の仲介のおかげで、成長した息子たちとも和解し、この世の気がかりはすべて解消することができた。

親族の一人は、葬儀のあとの直会で涙ながらにこう語った。

「大先生は、いつもみなさんを見守っておられる。姿かたちはないが、念ずれば必ず傍へ来られてお力になっていただけるから、少しも寂しくはありませんよ。大先生は、天界、下界を自在に行き来されているのです」

先生の奥津城《おくつき》は、近くの小高い丘の上に築かれた（現在は、道場の前庭に移設されている）。

五芒星に守られた天地の霊火《たまび》

墓石の近くには、五角形の珍しい形をした台座が造られている。その中央に霊火《たまび》の柱を象徴する六角形の麻の葉模様の磐座が乗っている。傍に立っている石柱には「天地《あめつち》の霊火《たまび》を神武参剣の丘にともし、遥かに天皇の弥栄を祈る」とその造形の意味が彫られている。
没後の太志命は、いまも生き通しで天皇の弥栄を祈っているのである。

「○に始まり、○に終わる」太志命は令和を予見していた

波乱万丈の昭和の御代が幕を閉じた。

白人国家の覇権に対し、ただ独り果敢に対抗し、つかの間であったが、大東亜共栄圏を確立した栄光の日々、敗戦に打ちひしがれ民族の誇りを奪われた悲哀の日々。しかし、陛下のもとに一丸となって立ち上がり、復興を成し遂げ、民族の活力を回復した自信の日々――。

戦前は、独立国の数はわずか三十四か国にすぎなかったが、昭和の終わりにはアジア、アフリカ諸国を中心に五倍近くに増えていた。白人の覇権に捨て身で対抗した激動の昭和が終わり、新しい平成の御代になった。

小渕恵三官房長官が、昭和のあとの年号を記者発表したとき、記憶の良い関係者たちは、アッと息を呑んで驚いた。十五年前の昭和四十八年に、昭和のあとに「平成」の御代がくることを先生は予言していたことが判明したのである。

神武参剣道場の書庫には、今も墨痕鮮やかな書が三枚保管されている。「八十三歳翁橋本義明」に筆をとらせたもので、「昭和癸丑《みずのとうし》夏」すなわち昭和四十八年夏に書かれたものである。そこには、次のように記されている。

天之瓊《ぬ》矛《ほこ》国生　萬物生成
天之廣《ひろ》矛《ほこ》国向　萬物平成
天之逆《さか》矛《ほこ》国覓　萬物曲成

文字通りに読むと、古事記にあるヌホコは、万物を生みなし、ヒロホコは万物を平《やす》らかに育て、サカホコは万物それぞれの特性を探し求め、それを伸ばしていくという意味にとれる。覓（ベキ、もと）は、元の形を「探す、求める」の意味である。

これは、ヌホコによって地上を祓い浄め、ヒロホコによって結び固め、サカホコによって新しい芽出しにすすむ過程にそれぞれ対応していると見ることもできよう。

「それ以外の意味が、言外に含まれているのですか」とある人が尋ねたところ、大先生は「この内の一つは次の御代の元号になるよ」と答えたという。

「萬物平成」の平成の御代になったのである。

しかし、平成は、必ずしも平らかな時代ではなかった。

日本を経済上の仮想敵国とみなしたアメリカからは、自動車や半導体の輸出などで圧迫を受け、金融と通信の市場開放を迫られ、反日の共産独裁国、中国には技術を盗まれ、デフレを輸出され、国民の平均所得が下がりつづけた時代であった。さらにデフレの時期に消費税を上げ、緊縮財政を行った財務省の大失敗によって、国民の活力と士気はますます低下していった。巨大地震が相次ぎ、化学テロや放射能汚染におびえた時代であった。

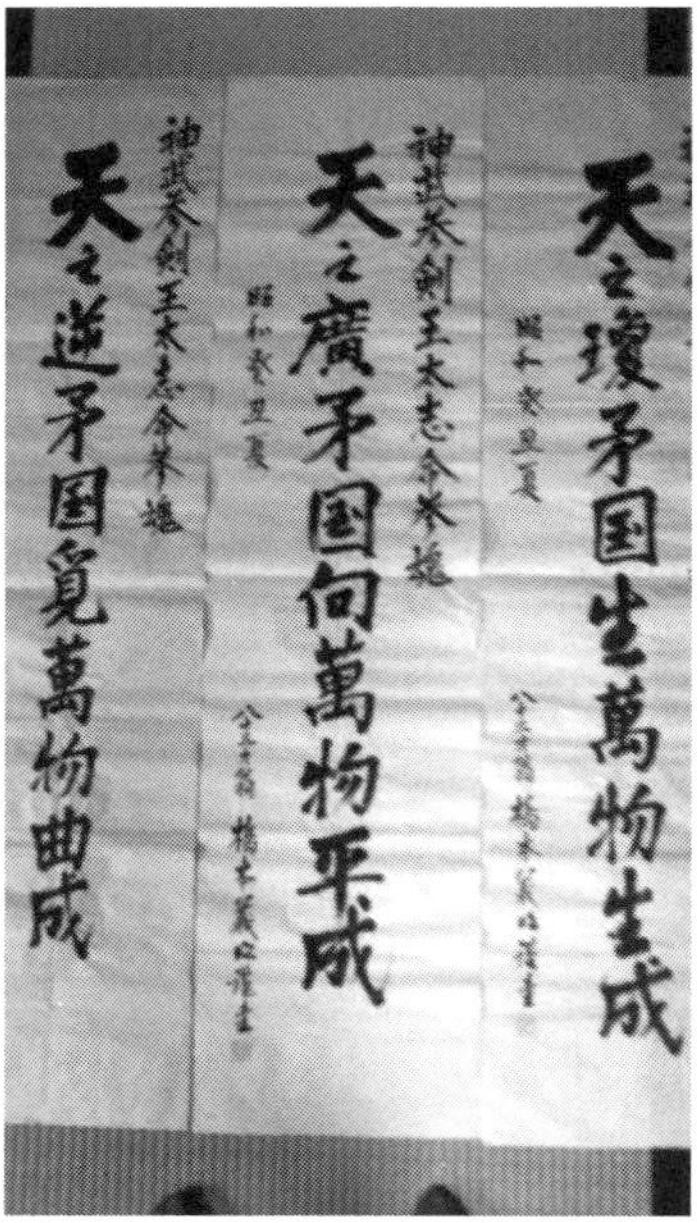
天之瓊矛国生萬物生成
天之廣矛国向萬物平成
天之逆矛国覓萬物曲成

生成、平成、曲成の書

実際、太志命は「平成は多難な時代になるよ。平らになるというのは、上のものが下になり、下のものが上になってぺしゃんこになり、従来の秩序が壊れることだよ。心を引き締めてかからねば」と語っていた。

その平成も三十年余で終わり、いま「令和」の時代に入った。平成の閉塞感から抜け出し、やっと国民は多少解放された気分になった。令和の時代に新しい展望が開けるのではないか、と期待する人が多くなった。

だが、令和の時代に、世界の大和を祈る孤独な祭祀王の徳仁陛下を邪気、邪霊などの妨害からお護りする太志命のような人物は存在しているのだろうか。いるとすると、どこにいるのであろうか、と読者は思われるにちがいない。

さてここで、勘の良い読者は、もうお気づきかもしれない。太志命は、「令和」を予見していたのではないかということを。

太志命は、すでに紹介したように、「〇〇《まるまる》」の教えを説いていた。「〇に始まり、〇に終わる」ともいった。

〇には、霊、零、礼、和、輪をかけていると説明していたが、そのほかに、〇には「令」が折りたたまれているとみることもできる。

とするなら、〇〇は「令和」を予言していたのであるまいか。〇〇は、太志命の教えが思い出され全国的に理解されていく時代が、令和であることを暗示していたのではないだろうか。

令という漢字は、神官がうずくまって神々に祈る姿を表している。とすると、「令に始まり和に終わる」というのは、眼に見えないミオヤたる神々の恵みを思い起こし、感謝の祈りを捧げること、そうすれば多重の時空の場がととのい、和の社会が次第に形成されていくことを意味していることになる。

またここで、敗戦の後遺症を元の「零《ぜろ》」に戻し、国民一「丸」となって新しい「和」の国家目標を打ち立てることと解することもできよう。占領政策の残滓である憲法の廃止を国会の三分の二以上の議決で宣言し、これを内閣が追認していったん無憲法の元の状態に戻してから、じっくり考えなおす時代となるかもしれない。

慣習法の国イギリスには、もとより憲法はないし、もともと不文憲法で国をととのえてきたわが国には、米国風の二元対立の思考を埋め込んだ成文憲法はなくてもよいのである。政事と祭事を切り分ける二分法、祭祀王《すめらみこと》と国 民《おおみたから》を対置させる思考法、権利と義務の二項対立、自由と平等の二元対立の発想法は、わが国にふさわしくない。

日本は、礼節と諸霊と和を重んじる不文憲法の国柄である。聖徳太子の十七条憲法と五か条の御誓文があれば、当面はそれで十分である。

国民がわが国にふさわしい固有の価値体系を再発見し、明晰に言語化しうる能力を身につけるまでは、現行法律の手直しで対処していくのがよいだろう。いつまでもアメリカの「自由と民主」という世俗的な「国体神話」を埋め込んだ憲法に頼っていくのは、精神衛生によくないばかりか、国民の叡智と真気を奪っていくのである。

日本語の「和《やわし》」と英語のハーモニーは、異なる概念である。

ハーモニーは、相対立する二つの力が拮抗し、均衡している静的な状態を指しているのに対し、「和《やわし》」は、攻撃しようと襲いかかってくる相手の動きをいなし、その矛先をそらし、闘いの心を捨てるよう導くことでもある。それは主語を無くそうとする「抜け」の永久運動でもある。

「和」はまた、思いやりの心でお互いに助け合い、支え合い、みちびき合うことを通じて共通の高い目標を達成しようとする動的な過程を意味している。

このように日本国民が一つの輪となり、率先して礼と霊と和の社会をつくり、先端モデルとして世界を平和に導いていく時代が令和の御代ではないだろうか。それを太志命先生は、天界から温かく見守っているのではないだろうか。

令和は、しかし、「ふつのみたま」の「ふつ」の力が求められる時代になるだろう。平成時代は、波風立たないよう妥協的な低姿勢でやってきたが、これからは旗幟《きし》を鮮明にすることが必要となる。八方美人的な政策や人間関係を剣の力で断ち切り、整理し、ととのえる時代となるだろうと思う。時と場合によっては「冷」酷、「冷」淡になることも忘れてはなるまい。

これから先もわが国は、誠意と善意と強い意志をもって事を進める途上で、内外から羨望と妨害を受けるであろうが、心配しなくてよさそうである。覇権を狙う国家から圧迫と迫害を受けるであろうが、案ずる必要はない。大先生は今も「生き通し」であるからだ。

令和の時代にも生き通しである小泉太志命先生は、川面凡児先生や今泉定助先生と並んで、いまも太古の道統を保持する礼と霊と和の国、日本を護り、前途を調えようとしておられるのである。「日本よ、永遠なれ」と温かい眼差しを注いでくれているのである。

さあ、われわれも自信と勇気をもって地上の今日の課題を一つずつかたづけていこうではないか。困難をものともせず、前進しようではないか。

代々《よよ》のミオヤと大宇宙《おおみそら》のミオヤに対する感謝の気持ちをもって、またわれわれ自身もオヤ心で人々に接し、草木や日月土とも対話しながら、天から与えられた仕事を今日も精一杯こなしていこうではないか。

日本と世界と宇宙の大和をめざして――。合掌。

あとがき

磯部の伊雑《いさわ》の宮には何度も足を運びながら、その前にある豪壮な剣道場はいつも門が固く閉ざされているので、入る機会がなかった。小泉太志命というすぐれた剣術家がいたということは知っていたが、それ以上深く追求することもなかった。

ところが縁は異なものである。平成三十一年三月、道場に出入りしているある方と偶然知り合うことになる。

それもいま思えば、川面凡児先生の導きであった。

私は、明治大正の古神道家で禊を体系化した川面凡児先生の道統をうけつぐ稜威《みいづ》会に属していたが、平成三十一年は川面先生の没後九十年に当たることから、『九十年祭記念会報』を編集していた。その作業の途中で、稜威《みいづ》会同人の一人が磯部に在住し小泉太志命先生に私淑していることを知ったのであった。

その方のおかげで神武参剣道場とのつながりができ、何度か訪問して九十歳になられた小泉澄子夫人から貴重なお話をうかがい、さらに調べていくと、小泉先生は、昭和二、三年ごろ川面先生の教えを受けていることが判明した。

川面翁は、まだ若い小泉青年を「先生」と呼び、将来を委託する意味で記念に水晶の小玉を渡していたこともわかってきた。小泉先生は道場の集会で、その水晶を金杯にのせ、お神酒《みき》を注いで皆に呑ませていたというのである。宇宙のミイヅをたっぷり呑ませようとしたのであろう。

こうして、川面凡児——今泉定助——小泉太志命という道統の流れが一本につながっていたことを知って私はうれしくなった。と同時に、太志命は二人の先達を超える霊能を持ち、新しい独自の境地を開いたことを知って驚いた。

川面翁は、祭祀や講演を通じて道を広めようとしたが、小泉太志命は、辺鄙な伊雑に隠棲し、上ご一人を補佐する「下ただ一人」の道を静かに歩んでいたのである。

太志命は、川面から禊と祓いの作法を学んだが、その頃すでに小泉は川面をしのぐ霊能を備えていたから、川面翁の教えはすぐ吸収することができた。今泉定助からは皇道哲学を学んだが、それらを参考としながら独自の剣祓いの手法を開発したのである。古代の夕ケミカヅチの一剣萬生の「祓い太刀」を復活させたのである。

彼は、霊気を発する神剣によって、太古の霊性をうけつぐ祭祀王たる昭和天皇のみはしらを祓い浄め、そのみはしらの周りに万人、万霊を結び固め、さらに平和をもたらす異能の子供たちを次々に産み出して世界と宇宙を調えていこうとした。それを参剣《みつるぎ》の道と称した。

その道は、戦後、個人の自由を強調する米国文化がどっと流入してきたため忘れ去られ、ほとんど知られず、知ろうとする人も少なく、戦後文化の雑踏の下に覆い隠されてきた。しかし、それは地下水のように、目立たないながらも磯部、丹波、八戸など各地で命脈を保ち、土地土地に潤いを与えつづけてきたのであった。

あまり気づかれないでいるこの地下水の流れの一部分でも表に出し、関心ある人々に味わっていただけないものか、そうして欧米の二項対立の発想にすっかり毒されてしまった戦後日本人の血液を浄化していただけないものか——そう思って書きだしたのが本書である。

最初は、蚊取り線香の渦巻きのように外側から火をつけ、次第に小泉太志命という渦の中心に向かっていこうと書き始めたが、どこまで進んでも渦の中心に到達することはできなかった。途中で火が消えてしまい、結局は同心円をぐるぐる回る結果になってしまったかもしれない。が、これも筆者の力量不足としてご寛恕をお願いする次第である。

＊＊＊

想えば、伊雑《いさわ》は実に不思議な伝承をもつ土地柄である。

三輪の神官オオ・タタネコが景行天皇に献上したとされるホツマツタヱによれば、アマテル（天照）大神は、都を富士の裾野からイサワ（伊雑）に遷し、晩年はミモスソ川（現五十鈴川）の上流に皇后セオリツ姫とともに暮らしたという。この地から、長男のオシヒミミに東国のヒタカミを支配させ、孫のホアカリを丹波に派遣し、孫のニニギを九州に派遣して統治させたという。

鎌倉時代に書かれた『倭姫命世記』によると、倭姫は、伊雑の地に天照大神に捧げる麻服を織る機殿《はたどの》を建て、のちに五十鈴川の上流に絹服の機殿をもうけたという。地方豪族のイサワトミの命の援助を受けて建立したのであるが、伊勢神宮よりも、歴史が古いというのである。

大正十二年に磯部の千田《ちだ》で、三種の神器を納めた石棺が発掘され、倭姫の墓ではないかと騒がれたことがある。しかし、それが確定するのを恐れた伊勢神宮は出土品を取り上げ、早々と同年末に倭姫神社を伊勢に新設した。それは磯部における倭姫の痕跡を消そうとしたものと磯部の郷土史家たちは推測している。その石棺を覆っていた巨大な楠木は、樹齢千五百年と推定され、切り株は八畳間の大きさであったという。その巨大な切り株の一部は、伏見稲荷神社に奉納されたといわれる。

江戸時代に入ると、旧事本紀大成経が出現し、伊雑の宮が伊勢三宮のなかでもっとも由緒のある古社であると主張し、識者の話題をさらったことがあった。憤った伊勢神宮側は幕府に提訴したが、真偽の判定のできない幕府はもてあまし、結局は幕府の許可を得ないで発行したという理由をつけて版木を没収し、関係者を処分した。

その後、伊雑の宮の宮司と御師らは弾圧され、苦難の道を歩んだが、地元の長老らは伊雑の宮が本来の天照大神を祀る古社であると信じていた。天之磐門顕正奉賛会の山路沢太、浜田兼吉、伊勢三宮奉賛献灯会の森岡照善は、その代表的な人物であった。
彼らは、昭和二十七年に小泉太志命が伊雑の宮を訪問したのを契機に、山路親子が建てた神武参剣道場を中心に結束し、活動の輪を広げようとした。霊感によって伊雑の宮に導かれた小泉にとっても、もとより異論のあるはずがない。
「神の世界の参謀本部は、磯部にある」と太志命は確信していたのである。

それを裏付けるかのように、宮中賢所におけるご親祭の神楽歌にも、磯部の地の高貴な匂いが詠われている。志摩からあがるアワビなどの贄《にえ》は、宮中や伊勢神宮の祭典に欠かせなかったのである。
「伊勢志摩や　海人《あま》の刀禰《とね》らが　焚《た》く
火の気《ほけ》　磯等《いそら》が崎に　にほうかな　にほうかな」

かつて遥かな昔、天照大神の剣の臣として仕えていたと思われる小泉は、昭和天皇に襲いかかってくる邪気、邪霊を祓いきよめ、戦後日本の前途を切り開こうとしていたが、こうして磯部を拠点に天照大神の教えをわかりやすく一般にも説きはじめた。それは、伊勢三宮説といった矮小なものではなく、太古の「霊《ひ》の元の道」を述べ伝えようとしたものであった。

その道は、二項対立の論理で物事を理解しようとする欧米の思想を超えた、いわば一種の透視法という手法で説こうとした。このため、彼はかけ言葉や語呂合わせを万華鏡のなかに埋めこみ、その万華鏡のなかを奥深くのぞいてみることを勧めた。

万華鏡の中は、一つの光源に照らされ、さまざまな色と形に変化したが、それらはすべて、一つの光源の反映でもあった。アマノミナカヌシを光源とする「霊《ひ》の元の道」の反映に他ならなかった。それは、万法、万宗を包摂する道でもあった。

万華鏡をのぞいた人たちが、太志命の教えをどう理解したのか、来訪者たちの眼や磯部の長老たちの眼にどう映ったのかを、様々な角度から描いてみようとしたのが本書である。

＊＊＊

ところで、戦後のわが国は、アメリカの思想や生活様式が堰《せき》を切ったように流入し、洗脳され、いまやアメリカの思想的植民地になった感がある。

義務を忘れて声高く個人の権利を主張し、裁判に訴えて争い、政党は国を忘れて党利党略のお遊びにいそしんでいる。学者たちは、個人主義的な西欧社会において発展した「自由と平等」という理念型のフィクションを無批判に受けいれ、「普遍的な価値」と信じきっている。

わが国は、いまもなお、占領軍の世俗的価値観を埋め込んだ「占領基本法」というべき憲法によって身動きの取れない窮屈な枠をはめられている。

それは、個人主義と実利主義の上に成立した米国の「国体神話」を無理に日本に当てはめようとしたものであったが、次第にその理念の限界が明らかになってきたことを多くの人々が気づくようになってきた。

単に制度的、表面的な、眼に見える個人の「自由と平等」に満足し、「民主制」に安住するのは、日本古来の道ではないと気づく人が増えてきた。自由や民主は、集団の意思を決定するための一つの手続きにすぎず、社会の最高目標、共同体の究極の理念となりえないのである。わが国はもっと高い目標、「礼と霊と和」の実現と向上を目指して歩んできたのではなかったか――。

よく知られているように、現代米国において、貧富の差は極端に広がり、マスメディアは富裕層とリベラル派に支配され、「民主」の基礎が掘り崩されようとしている。「自由」の象徴とされる銃器による集団殺人はほぼ毎月発生し、全米ライフル協会という圧力団体にほとんど誰も抵抗できないでいる。移民の「自由」や貿易の「自由」がもたらす弊害も増大してきた。「自由」の行きすぎた弊害を是正しようと登場してきたのが、トランプ政権であった。トランプの登場は、米国の「自由と民主」という「国体神話」の崩壊が始まったことを告げている。

「個人の自由」という洗礼を受けた日本もまた、その米国の後を追いかけるかのように、貧富の差が拡大し、母子家庭と家庭内暴力が急増してきた。給料の低い派遣社員が多くなり、奇妙な事件やテロが多発し、医師会、農業団体などの圧力団体がはびこっている。性的退廃、享楽主義、拝金主義が誰も異常と思わないほど蔓延している。遺伝子組み換え食品や除草剤、危険なワクチンを買わされ、国民の健康を多国籍企業に売り渡して平然としている。新聞もテレビも国会も、根本にさかのぼって、その原因を深く追求しようとしない。

このような不幸な状況を見て、米国の「国体神話」に代わる日本独自の価値観を盛り込んだ共同体の物語を再び作り上げようとする動きが、近年顕著になってきている。

私どもの周りを見ても、「自由と民主」を超えた「自在と応分と調和」などの新しい理念を確立し、それに基づく望ましい共同体を次の世代に残しておきたいとする人々が増えてきた。あるグループは、カタカムナやホツマツタヱのなかに日本の思想原理を求めようとしている。また、縄文の土器やアイヌの伝承から新鮮な価値観を学ぼうとする人も登場している。これからわが国独自の「国体物語」が続々と生まれそうな気配である。

そういう動きの中で、川面凡児先生から小泉太志命先生に及ぶ道統――心身と社会に潜む邪気邪霊を徹底的に祓いきよめ、安藤昌益のいう「活真の気」を人にも世にもみなぎらせようという古来の道も見直されていくようになるのではないだろうか。その教えは、丹波のトヨケ（豊受）大神と伊勢のアマテル（天照）大神から伝えられ、今も各地で目立たないけれども地下水のように流れている路《みち》ではないだろうか。

新しい令和の御代に、本書が一つの光として前途を照らす役割を果たすことを期待したいものである。

＊＊＊

本書を書くに当たっては、小泉澄子令夫人と道場関係者の皆様から貴重な資料と写真を提供していただき、適切なご助言をいただいた。九十歳になる小泉夫人の驚異的な記憶力には何度も感嘆させられた。また、磯部の生き字引といわれる御師十三代目の森和夫氏から伊雑の歴史と風土と人物について貴重なご教示をいただいた。

すがすがしい真気、光り輝く「活真の気」を放っているこれらの人々と出会えなければ、本書が陽《ひ》の目を見なかったことは確かである。ここに篤く感謝し、心よりお礼を申し述べる次第である。

また、編集と出版に当たってはヒカルランド社の石井社長の格別のご配慮を賜った。石井社長もまた、わが国の霊性の復活を願う同志の一人でもあられる。この場を借りて、深い感謝の意を表したいと思う。

令和元年大嘗会《おおなめえ》の月に

隻舟・宮崎　貞行

国を思ひ　寝られぬ夜の　霜の色　ともしび寄せて　見る剣かな

（橘　曙覧《あけみ》）

小泉太志命の年譜

明治四十年八月三十日　八戸に生まれる。父寅次郎、母いしの三男
戸籍名源吉《げんきち》
大正九年三月　八戸鳥見小学校卒業
大正九年八月　三戸鳥屋部小学校の代用教員を務める
昭和二年　東京の今泉定助邸に招かれる
昭和三年　古神道家の川面凡児より水晶玉を賜る
昭和四年二月　「対米戦争は五十年待て」と訴えた川面凡児死去
昭和七年　対外戦争に反対する講演を東京で始める
昭和七年十二月　今泉国体擁護祝賀大会に出席
昭和九年一月　国士舘の館長を救出、表彰状を受ける
昭和九年〜十年　八戸楠公廟の前にて剣術の修行と指導、八戸吹上に住む
昭和九年十一月二十六日〜　ニニギ大神からの託宣が清川トメにおりる

昭和十一年二月二十六日　二・二六事件勃発、三月に連座して勾留される（翌月釈放）
昭和十二年四月　立命館にて剣道と皇道精神を教える（三年間京都に居住）
同年四月二十六日　靖国神社臨時大祭で、鹿島神流を奉献
昭和十二年十一月　八戸に白龍神社を創建
昭和十四年　離婚、妻は青森県上北郡に帰り静養
昭和十四年五月　西園寺公望より剣祓いの依頼を受ける
昭和十五年八月　東京で開催された「古式各流型大会」で鹿島神流を披露（加藤元三、国井善弥と）
昭和十五年十一月　西園寺公望死去
昭和十五年　神武参剣王太志命言「稜威八方鎮剣」を起草
昭和十五年七月　満井佐吉が天関打開期成会を結成、世田谷区豪徳寺の天関打開神武参剣道場で満井佐吉らと奉剣を開始
昭和十七年一月　木剣にて三千三百度の祓いを実行
昭和十七年十二月　母いし死去。享年六十八歳
昭和十九年二月　満井が『一億布都の御剣を奉じて起て』を発行

昭和十九年五月	鹿島神宮にて参剣、三峯神社でも参剣
昭和十九年九月	今泉定助死去
昭和十九年十月	中川小十郎死去
昭和二十年一月	父寅次郎死去。享年八十歳
昭和二十年三月	皇居を攻撃予定のＢ29消失
昭和二十年八月	終戦の詔勅
昭和二十一年	八戸に帰り、白龍会の同人と奉剣
昭和二十六年	上京、世田谷区羽根木町の福寿荘に起居、満井佐吉の道場にて奉剣
昭和二十七年一月二日	初めて伊雑の宮を訪れる
昭和二十七年～昭和三十二年	文京区宮下町の道場に起居
昭和二十八年四月	産土の長者森にて記念撮影
昭和二十九年五月十一日	「磐門ひらきて金刀比羅宮（九十ひらく）」の命言を八戸吉田けこ宛の手紙に記す
昭和二十九年九月	十和田湖にバス旅行、八戸大火、洞爺丸沈没

昭和三十二年一月二十九日　三重県磯部町の上之郷に移住
同年六月二十四日　伊雑の宮の御田植祭を記念し浜田兼吉が『四季志摩之一元』を発行
昭和三十年二月十日　肥前鏡山（ひれふる山）にて大国旗を掲げて神事を行う
昭和三十三年一月元旦　和合山頂上にて北極紫微宮の神事を行う
昭和三十三年四月三日　幣立宮にて神武天皇の霊言を拝聴、宮司春木蘇陽氏が天皇に献上
昭和三十三年六月二十四日　浜田兼吉が『天之磐門』を発行
「八八を開きて九九十十のふ」の命言を吉田けこに与える
昭和三十五年十二月十九日　神武参剣道場の地鎮祭（翌年から転居）
昭和三十五年八月　奈良市鏡玉教会に巻物を授与する
昭和三十七年一月二十一日　池畑澄子　神武参剣道場を訪問
同年九月八日　丹波の池畑栄治宅を訪問
九月八〜十日　丹波の国の修祓（丹波入船山、福知山、綾部、亀岡、天橋立、籠神社など）
九月十六日　南宮神社にて、池畑澄子と祝言

昭和四十四年三月〜四月　富士、白山、塩釜での神業を行う
昭和四十八年十二月　神間の鏡板に三蓋松完成
昭和五十年八月六日　今泉定助翁、霊夢に出現
昭和五十三年七月　竹村石峯『三劫の帝王』を神武参剣道場より発行
昭和六十三年四月十九日　香川県高瀬町朝日山本宮遷座祭
昭和六十三年七月二十七日　奈良市鏡玉神社の発足を祝福
昭和六十三年九月十九日　陛下緊急入院
昭和六十四年一月七日　昭和天皇崩御
同年一月九日　一階の床にて療養
平成元年二月二十四日　御大喪の礼、百六十四か国の代表参列
平成元年九月二日　帰幽、享年八十二歳

主要参考文献

『小泉大先生を偲んで』藤波孝生、小泉美隆編、角川書店、平成二年
『三劫の帝王』竹村石峯著、神武参剣道場発行、昭和五十三年
『日本神道』柞木田龍善著（天心大菩薩会発行、昭和六十二年）
『小泉太志命と伊雑宮の謎』（『月刊ムー』編集部、平成二十五年二月号
『天之磐門顕正奉賛会趣意書』浜田兼吉著、神武参剣道場、昭和三十三年
『伊勢三宮奉賛献灯会趣意書』森岡照善著、同献灯会、昭和三十年
『四季志摩之一元』浜田兼吉著、神武参剣道場、昭和三十二年
『天之磐門』浜田兼吉著、神武参剣道場、昭和三十三年
『世界恒久平和への道標』浜田兼吉著、磯部観光協会、昭和二十五年
『八戸いはれ』小泉太志命著、巻紙、昭和二十五年一月
『磯辺皇大神宮御本社縁起』勢州津寺町和光山本徳寺の書付
『皇道の原理』今泉定助、大倉精神文化研究所、昭和十年
『国体原理』今泉定助、立命館大学出版部、昭和十年
『皇道論叢』今泉定助、桜門出版部、昭和十七年

『今泉定助先生研究全集』日本大学今泉研究所、昭和四十四年
『源泉への回帰』今泉定助先生五十年祭記念事業実行委員会、新生創販、昭和三十九年
『川面凡児全集』全十巻、八幡書店、昭和六十年
『宇宙の大道を歩む——川面凡児とその時代』宮﨑貞行著、東京図書出版、平成二十三年
『近代日本の政局と西園寺公望』中川小十郎著、吉川弘文館、昭和六十二年
『西園寺公望伝』立命館大学編、岩波書店、平成二年
『立命館八十五年史資料集』立命館史編纂委員会、昭和六十一年〜平成二年
『中川小十郎・馬路村より立命館創立者へ』亀岡市文化資料館編、亀岡史文化資料館、平成二十八年
『一億布都の御剣を奉じて起て』満井佐吉述、天関打開期成会、昭和十九年
『底力論』満井佐吉著、青山書院、昭和十七年
『神々のいぶき』満井佐吉著、青山書院、昭和十八年
『勝ち抜くおたけび』満井佐吉著、天関打開期成会、昭和十八年
『神人・小泉太志命』桐山靖雄、阿含宗出版局、平成二年
『21世紀の新エネルギー』石田博、たま出版、昭和五十一年
『安藤昌益に魅せられた人びと』近藤悦夫著、農文協、平成二十六年
『安藤昌益全集』全二十一巻、安藤昌益研究会編、農文協、平成二十五年
『武道秘伝書』吉田豊編、徳間書店、昭和四十三年

『剣の精神誌』甲野善紀、ちくま学芸文庫、平成二十一年
『神伝武術――三種の神器に隠された南朝の秘伝』高塚叡直、平成二十四年
『無住心剣術』近藤孝洋、月刊秘伝、平成二十一年三月号
「煉丹修養法」伊藤光遠、八幡書店、平成二十年復刻
『合気神髄――合気道開祖・植芝盛平語録』植芝吉祥丸監修、柏樹社、平成二年
『脳と刀』保江邦夫、海鳴社、平成二十一年
『古武術と身体』大宮司朗、原書房、平成十五年
『武学入門』日野晃、BABジャパン、平成十二年
『前ヤマトを創った大丹波王国』伴とし子著、新人物往来社、平成十六年
『丹後の弥生王墓と巨大古墳』広瀬和雄編、雄山閣、平成十二年
『先代旧事本紀の研究』鎌田純一著、吉川廣文館、昭和三十五年
『先代旧事本紀』神道体系古典編、神道体系編纂会、昭和五十五年
『先代旧事本紀大成経』後藤隆著、超知ライブラリー、平成十六年
『皇大神宮別宮伊雑宮謀計事件の真相』岩田貞雄著、國學院大學日本文化研究所紀要、昭和四十九年
『磯部町史』町史編纂委員会編、磯部町、平成九年
『神々のふるさと』筑紫申真著、秀英出版、昭和四十五年
『倭姫の旅』乾規江著、ナチュラルスピリット、平成二十二年

『日月神示はなぜ岡本天明に降りたか』岡本三典著、超知ライブラリー、平成七年
『日月神示』中矢伸一著、超知ライブラリー、平成十九年
『ひふみ神示』岡本天明筆、コスモ・テン・パブリケーション、平成三年
『カタカムナへの道』関川二郎著、Ｅｃｏ・クリエイティブ、平成二十六年
『カタカムナの使い手になる』芳賀俊一著、ヒカルランド、平成二十八年
『秘められた日本古代史ホツマツタヱ』松本善之助著、毎日新聞社、昭和五十八年
『甦る古代日本の誕生』千葉富三編著、文芸社、平成二十一年
『甦る古代 日本の原典 秀真伝』千葉富三編著、明窓出版、平成三十年
『神代の風儀』鳥居礼著、新泉社、平成十五年
『言霊―ホツマ』鳥居礼著、たま出版、平成十年
『アメツチ考』宮﨑貞行著、「検証ホツマツタヱ」所収、ホツマ出版会、令和元年六月
『ユキ・スキ考』宮﨑貞行著、「検証ホツマツタヱ」所収、ホツマ出版会、平成二十八年十二月、二十九年二月
『イサワの宮の物語』宮﨑貞行著、「検証ホツマツタヱ」所収、ホツマ出版会、平成二十九年六月
『ホツマ・カタカムナ・先代旧事本紀』エイヴリ・モロー著、宮﨑貞行訳、ヒカルランド、令和元年

宮﨑貞行　みやざき さだゆき
昭和二十年伊予の国生まれ。東京大学、コーネル経営大学院卒。官庁と大学に奉職したあと、現在は日本文化に内在する価値観を調べている。借り物でない日本文化の特質を発掘し、国民を勇気づけ日本の針路を指し示す「国体物語」をととのえることを目指している。
近著に『日本のカルマを背負った男「笹目秀和」と二人の神仙』、『世界史に残る不世出の大神人　松下松蔵と「宇宙の大気」』、『宇宙の大道を歩む——川面凡児とその時代』、『天皇の国師——知られざる賢人三上照夫の真実』、『寄りそう皇后美智子さま——皇室の喜びと哀しみと』、『失われた奥義 縄文古道のよみがえり』、『アワ歌で元気になる』、訳書に『ホツマ・カタカムナ・先代旧事本紀』など。
稜威会同人。「検証ホツマツタヱ」誌同人。議員立法支援センター代表。

天皇防護
小泉《こいずみ》 太《たい》志命《しめい》祓い太刀の世界

第一刷 2020年1月31日
第五刷 2023年4月11日

著者 宮﨑貞行

発行人 石井健資
発行所 株式会社ヒカルランド
〒162-0821 東京都新宿区津久戸町3-11 TH1ビル6F
電話 03-6265-0852 ファックス 03-6265-0853
http://www.hikaruland.co.jp info@hikaruland.co.jp
振替 00180-8-496587
本文・カバー・製本 中央精版印刷株式会社
DTP 株式会社キャップス
編集担当 高島敏子

ISBN978-4-86471-846-2

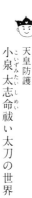

◎選べる２つのタイプ

バンブーには基本性能に絞り、あらかじめプリセットされた12の音源のみが利用可能なベーシックに加え、128の楽器リストから音源をセレクトできるなど、プロの音楽家にもご満足いただける多機能搭載型のバンブー・Ｍもご用意しました。

●バンブー・Ｍで使える機能

楽　器	128の楽器リストから音源をセレクト
音　階	12音
音／秒	１秒に0.5から３音をセレクト
和　音	短音、３音、３和音をセレクト
基本周波数	440Hz、432Hz、426.7Hzの３種類
プロファイルを保存	変更した設定を保管
MIDI	別売の専用ケーブルで MIDI 機器に接続

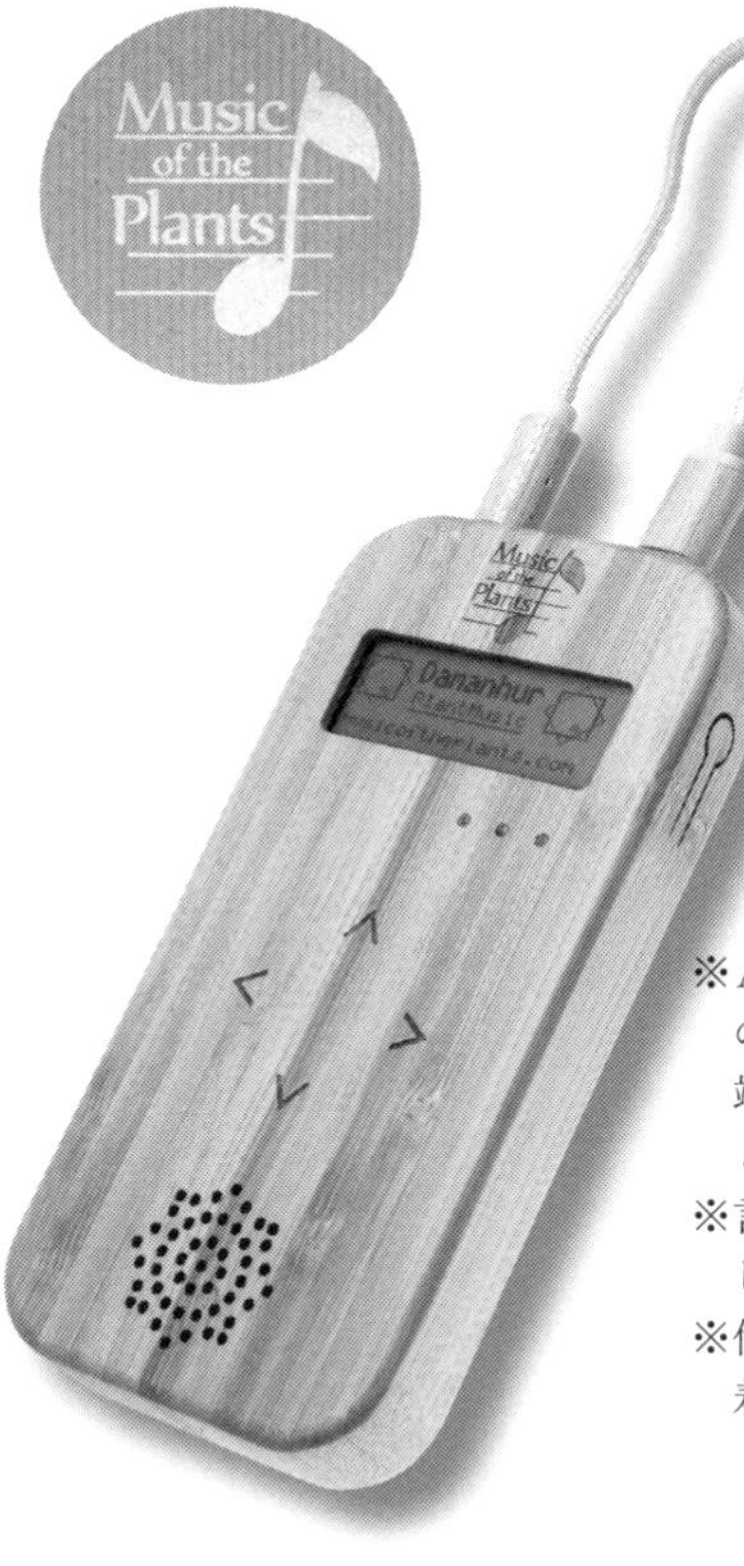

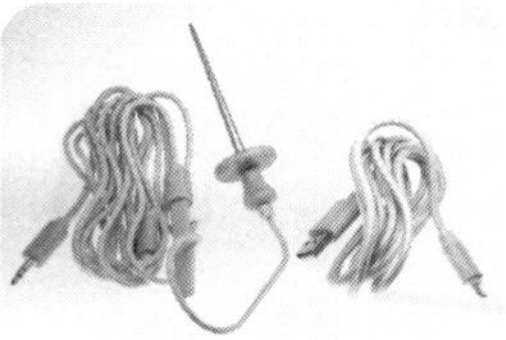

バンブー（BAMBOO）

■バンブー・ベーシック　66,815円
（税・送料込）

■バンブー・Ｍ　73,333円
（税・送料込）

●付属品：植物コネクトケーブル１本、マイクロ USB ケーブル１本

※ＡＣアダプタは付属していませんが、お手元の USB－AC アダプタや、パソコンの USB 端子で充電できます。１回のフル充電で４～５時間の利用が可能です。

※言語表示に日本語はありません。英語を選択し、同封の日本語の説明書をご参照ください。

※仕入元からの直送となりますので、商品の到着までお時間をいただく場合があります。

ヒカルランドパーク取扱い商品に関するお問い合わせ等は
メール：info@hikarulandpark.jp　URL：https://www.hikaruland.co.jp/
03-5225-2671（平日11-17時）

＊ご案内の価格、その他情報は発行日時点のものとなります。

本といっしょに楽しむ ハピハピ♥ Goods&Life ヒカルランド

植物のメロディーを奏でる音楽装置・バンブー
人間と植物のテレパシックな交流を体感しよう♪

◎植物と人間は意思疎通できることを“ダマヌール”が証明

植物は高い知性と感情を持ち、宇宙の成り立ちにも深く関わっていることをご存じでしょうか？　実は植物とは、人間の感情や思考をテレパシーで読み取り、親しみを持った人には癒しだけではなく、メッセージやインスピレーション、エネルギーを送ることのできる存在なのです。

イタリアに拠点を置き、人類にとって持続可能な社会モデルを模索し続けているスピリチュアルコミュニティー“ダマヌール”では、植物との調和的な共存共生を実践し、人間と植物の意思疎通などについて検証を重ねてきました。1970年代に行われた研究では、植物の生体電位を検出する機器を開発し、植物の反応を電気的に扱うことに成功しています。その後、研究はさらに発展し、植物がランプを点灯したり、ドアを開閉したり、さらには植物が自分で運転する自動車など、植物が持つ意識や意思を応用した機器が数多く生み出されました。今回ご紹介するスマホサイズの音楽装置・バンブーもそうしたダマヌールの成果の一つ。植物の意識・気持ちを音に変換して美しく奏で、どなたでも簡単に楽しめる一台となっています。

◎植物と心通わせる癒しのひと時をバンブーがお届け

バンブーは、デヴァイスを植物に繋げることで、生体電位を音・メロディーに変換します。高性能の小型スピーカーと、マイクロ USB ケーブルで充電可能なバッテリーを内蔵し、室内でも屋外でも手軽に植物の奏でる歌声を届けてくれます。

使い方は、付属のコネクトケーブルで本体と植物の葉、および土の部分を繋ぐだけ！　接続が完了すれば、植物の種類、花の種類、樹木の種類によってさまざまなメロディーが鳴り響き、植物が持つ優しくも奥深い世界へと誘ってくれるでしょう。

◎植物との共鳴だけではない。バンブーにはこんな使い方も

自宅で栽培している植物や、公園などで咲き乱れる美しい花々――。バンブーを繋ぐことで植物との意思疎通は無限に拡がりますが、さらにバンブーは人と植物、人と人との間でも使うことができるのです。

一人は電針を持ち、もう一人は電極を耳たぶにつけてみましょう。そして、お互いの空いている手で握手をすれば、二人の間で気（生体電磁気）が流れ音楽を奏でます。また、植物の葉に電極をつけておいて、片手に電針、もう一方の手で葉をつかめば、植物とのエネルギー交換が可能になります。

ヒカルランド　好評既刊！

地上の星☆ヒカルランド　銀河より届く愛と叡智の宅配便

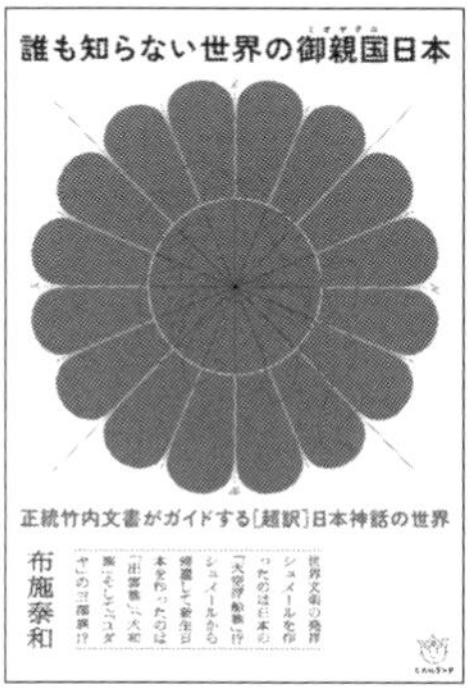

誰も知らない世界の御親国日本
正統竹内文書がガイドする
[超訳] 日本神話の世界
著者：布施泰和
四六ハード　本体 1,800円+税

竹内文書でわかった太古の地球共通文化は【縄文JAPAN】だった
著者：高坂和導
解説：三和導代
四六ソフト　本体 2,222円+税

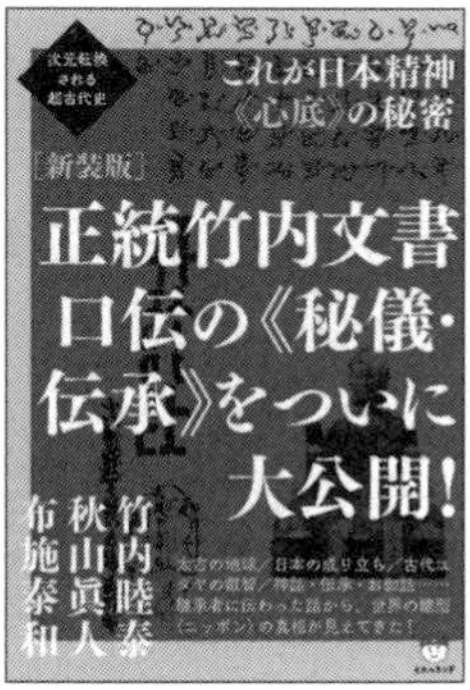

次元転換される超古代史
[新装版] 正統竹内文書 口伝の《秘儀・伝承》をついに大公開！
これが日本精神《心底》の秘密
著者：竹内睦泰／秋山眞人／布施泰和
四六ソフト　本体 2,000円+税

次元転換される超古代史
[新装版] 正統竹内文書の日本史「超」アンダーグラウンド1
これが日本精神《深底》の秘密
著者：竹内睦泰／秋山眞人／布施泰和
四六ソフト　本体 2,000円+税

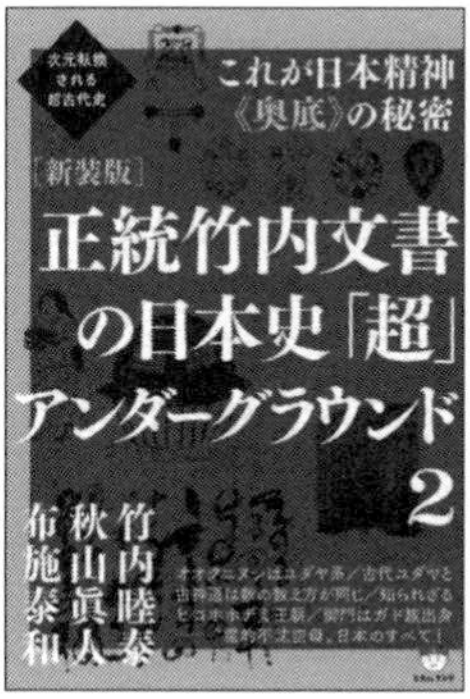

次元転換される超古代史
[新装版] 正統竹内文書の日本史「超」アンダーグラウンド2
これが日本精神《奥底》の秘密
著者：竹内睦泰／秋山眞人／布施泰和
四六ソフト　本体 2,000円+税

次元転換される超古代史
[新装版] 正統竹内文書の日本史「超」アンダーグラウンド3
これが日本精神《真底》の秘密
著者：竹内睦泰／秋山眞人／布施泰和
四六ソフト　本体 2,000円+税

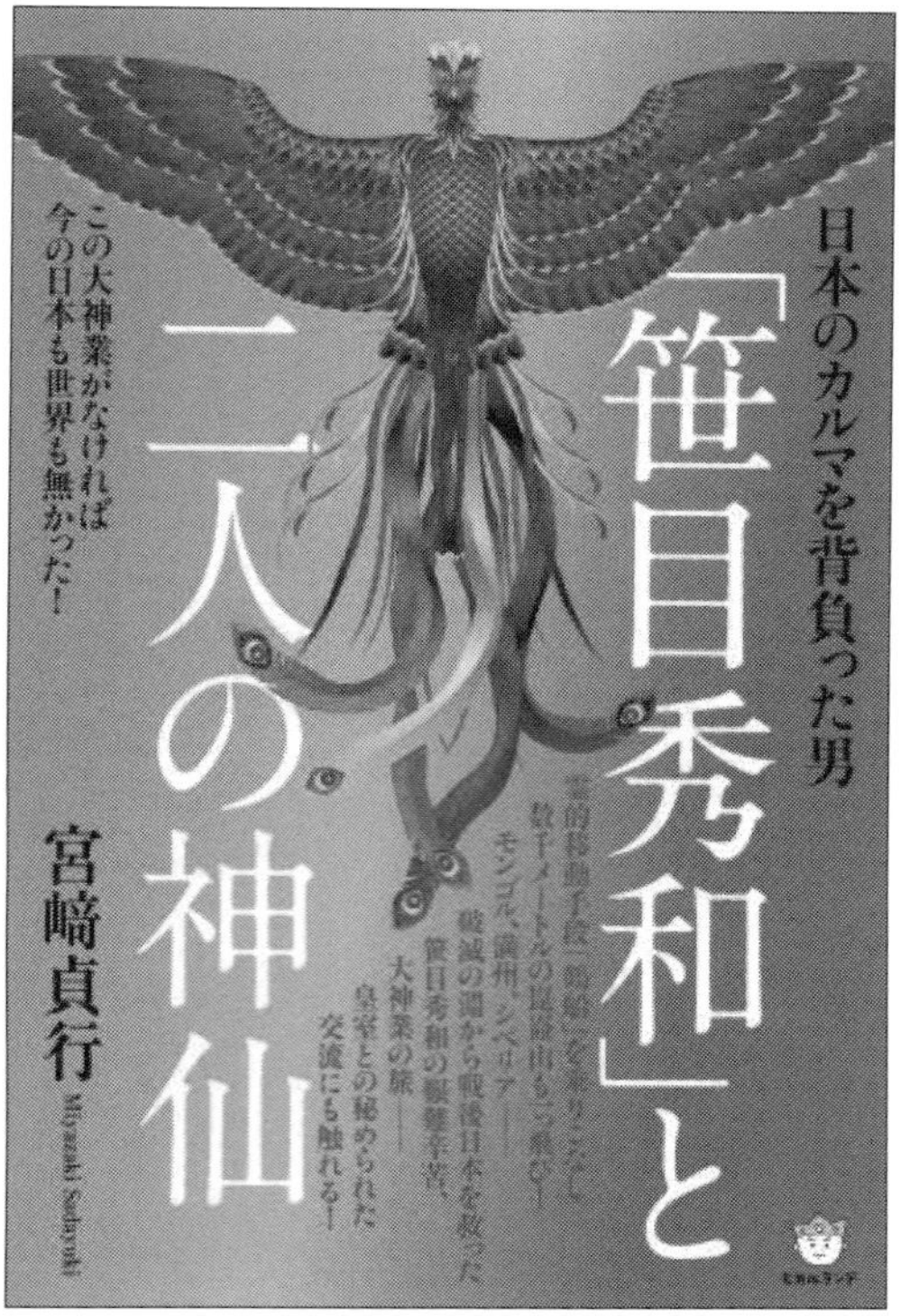

日本のカルマを背負った男
「笹目秀和」と二人の神仙
この大神業がなければ今の日本も世界も無かった！
著者：宮﨑貞行
四六ハード　本体 2,500円+税